「了」
中国語のテンス・アスペクトマーク"了"の研究

明海大学外国語学部教授
劉 勲寧 著

日本僑報社

研究追求的是事物间最广泛的联系和事物变化的最深刻的动力以及这种动力的最直接的传递方式。

——本书第180页

内容紹介

　1988年、中国語学界最大の学術誌『中国語文』第5号の巻頭に、後に本書の第1章となる「現代漢語詞尾"了"的語法意義」が発表されると、たちまち世界からの注目を浴びた。日本の学術界からも賛同と敬意の声が寄せられ、「80年代以降の中国語アスペクト研究において最も大きな影響力をもつものの一つ」「"了"の研究で中国の学会をリードしている」と評された。また、この業績に対し、米国科学アカデミーからは中国青年学者基金を受けるに至った。その後の30年にわたる研究の進展を一冊にまとめたのが本書である。

目　次

序　章　写作缘起及过程 ……………………………… 7

第1章　现代汉语词尾"了"的语法意义 ………… 15

  0. 引言　15
  1. "V+了"与"A+了"释义的不平行性　16
  2. "V+了"与"完成"　18
  3. "V了"与"V完"的对立　22
  4. "了"的语法意义　26
  5. "看了三天"与"看了三天了"　33
  6. 余论　39

**第2章　现代汉语的句子构造与词尾
　　　　"了"的语法位置** ………………………… 44

  0. 引言　44
  1. 基本规则——焦点位　44
  2. 应用规则（1）——单焦点句　52
  3. 应用规则（2）——并列焦点句　58
  4. 一个优秀分析的再分析　66

第3章　现代汉语从句中的"了" ………………… 72

  1. 焦点后移的例外　72
  2. 日语的"たら"与汉语从句的"了"　75

第4章　现代汉语句尾"了"的来源 ……… 80
　0. 引言　80
　1. 从清涧话的"也"说起　80
　2. 清涧话和山西话的"了"　86
　3. 《祖堂集》的"了"　88
　4. 句尾"了"在其他北方方言里的表现　96
　5. 新发现的《老乞大》里的句尾"了也"　98

第5章　《祖堂集》"去"和"去也"方言证 ……… 104
　0. 引言　104
　1. 清涧话"去"字的两个口语读音　104
　2. "去"的助词用法　106
　3. "也"和"去也"的区别　108
　4. 《祖堂集》"去也"意义的再归纳　111
　5. "去也"和"了也"的平行　114
　6. "去也"在山西方言中的反映　116

第6章　现代汉语句尾"了"的语法意义
　　　　及其与词尾"了"的联系 ……… 119
　1. 两个"了"的分析困境　119
　2. 历史与方言的考察　123
　3. "了"的意义转移　126
　4. 近代白话语气词"也"的意义　130
　5. 句尾"了"与词尾"了"的联系　134
　6. 小结　137

第7章 现代汉语句尾"了"的语法意义及其解说 …… 140
    0. 引言 140
    1. "了"与"变化" 141
    2. "了"与"新情况" 145
    3. "太 + 形容词 + 了" 147
    4. "了"与"过去时" 153
    5. "了"表将要 159
    6. "V 了 O 了"的最新发展 161

第8章 关于语法分析的几个原则问题 …… 164
    0. 引言 164
    1. "了"看作一个好，还是两个好？ 164
    2. 不要把解说中的意思混到原义中去 166
    3. 也不要把格式的意义加到单词上来 168
    4. 引例要通顺 169
    5. 研究和教学不同 171
    6. 贴标签的作法不是好办法 174
    7. "实现"这个词儿好不好？ 176

附录1 一个"了"的教学方案 …… 180
    0. 前言 180
    1. 简说 182
    2. 各论（上）——句尾"了" 187
    3. 各论（下）——词尾"了" 195
    4. 申述 203

附录2 刘勋宁关于"了"的研究论文目录及出处 …… 212

附录3 劉勲寧教授論文査読報告書 …… 214

后　记 …… 216

序　章　写作缘起及过程

"了"是现代汉语的时态标记（tense-aspect marker），也是现代汉语语法研究中的难题与热点。每年海内外都有大量相关论文发表。

我入手"了"的研究，并不是因为它难，而是受两件事的启发。一件是大学时代跟老师论及"了"的释义和它的否定形式"没有"的释义不对称的问题。一般的语法书和语法论文都认为"了"表示完成，也都认为"了"的否定形式是"没有"。可是对"没有"的解释，几乎没有说是否定完成的。例如：

丁声树等1961《现代汉语语法讲话》p.198：
　　"没有"加动词，否定行为已经发生。
吕叔湘主编1981《现代汉语八百词》p.340：
　　〔副〕否定动作或状态已经发生。

这件事引起了我的注意和兴趣。

第二件事是我在调查陕北清涧话时发现，清涧话的副词"也"读"ε"，而它的句尾"了"读"lε"，二者同韵母。这让我想起来近代白话的"吃饭了也"的句子。既然对"了"的历史来源有了新的看法,也就鼓舞了我对"了"的全面考察。

虽然对共时和历时的研究几乎是同时开始的,由于历时的研究关键是文献考察,材料清楚就可以基本定案,所以我先发表了历史研究部分。这就是第四章《现代汉语句尾"了"的来源》的主体部分(《方言》1985年第2期)。这篇文章全面调查了当时能够看得到的山西、陕西、内蒙、河北等省的方言材料,发现各地的副词"也"和句尾"了"大都有同韵的关系:

$$也 = \frac{ia}{ie} : \frac{a}{e} \quad 平行于: \quad 了 = \frac{lia}{lie} : \frac{la}{le}$$

差不多就在我写完方言考察部分的时候,京都大学人文科学研究所正好出版《祖堂集索引》,一分册、一分册向北京大学中文系寄送。我成了这部索引最早的受惠者。我把《祖堂集》里的"了"字句全部抄出来,又把前后的语言环境都填补上去。结果我发现,《祖堂集》的句尾"了也"总是对应于今天的句尾"了",而不带"也"的"了"则对应于今天的词尾"了"。这样,我就提出了现代汉语句尾"了"来源于近代白话的句尾"了也"的崭新说法。

文章发表后,得到了同行的好评。但是这些好评多数只是对文章运用的方法的赞赏以及对新说法的惊奇,对实际结论则是将信将疑的。有人甚至怀疑句尾语气词"也"的实际存在。主要的问题是,在后代的文献里,特别是元曲中,句尾有时候是"了也",有时候是"了"。因而有人认为"了也"是为了舞台效果,大声说话的结果。汉字是不表音的,面对这些诘难,我无言以对。令人无比激动的是1998年韩国发现了元代的《老乞大》。1999年夏天,发现者郑光教授把元代本的"了也"被通行本改为"了"的消息带到了日本。2001年原书影印出版,我立即购回了这部书,写作了第四章第五节《新发现的〈老乞大〉里的句尾"了也"》(香港《中国语文研究》2001年第1期)。新、旧《老乞大》是同一本书的改写,不存在语气不同的问题;而且是会话教科书,不存在舞台艺术的问题。这无疑是最好的证明。这样,关于句尾"了"的历时研究可以说得到了一个相当圆满的结果。第五章《〈祖堂集〉"去"和"去也"方言证》(《古汉语语法论集》语文出版社1998)则是对"也"的实际语言存在的一个历史和方言的证明。

　　本书第一章《现代汉语词尾"了"的语法意义》(《中国语文》1988年第5期)虽然比第四章晚发表了三年,实际却是同时写作的。在这篇文章中,我揭示了把"了"的意义说成表示完成在实际话语分析中的种种矛盾，认为"了"表示完成，只是某种特殊情况下的偶发现象，"了"的真正意义是表示动作或状态成为事实，我用"实现"一词来概括。这篇文章最初是在第4届中国语言学会年会（1987.12.25-31，广州）大会宣读的（参见《中国语言学会第四届年会纪要》，《中国语文》1988年第2期）。会后被《中国语文》派人要去，放在刊首发表。这篇文章在海内外引起了反响。不过，多数人在表示赞同的同时，也向我提出了更加苛刻的要求：光说"了"表示"实现"并不能解决用不用"了"的问题。我不能不思考什么时候用"了"什么时候不用"了"的问题。

大约在1988年前后，我觉察到了一个句子只有一个"了"的事实。同时也就考虑"了"用于什么地方的问题。我发现了这样的事实：

系里　开了会

系里　开会　表扬了老王

系里　开会　表扬老王　去了现场

系里　开会　表扬老王　去现场　救了一个小孩

"了"随着句子的不断加长不断后移。这就进一步证明了一个句子只有一个"了"的看法。1989年前后，我在北京大学中文系的青年语法沙龙上报告了我的发现。这自然是"了"的语法形式研究方面走出的重要一步。如果一个句子只用一个"了"的话,那么这就有点像英语一个句子只有一个主要动词(main verb)了。可是我还不能够下这个结论,因为我不知道像下面这样的句子该怎样解释:

下了课再去。
给了他就对了。

"了"并不随着句子的加长而后移。从语义上来说,我也无法断定前面的动词是主要的,还是后面的动词是主要的。所以一直也没有正式发表那个结论。这个问题的正式解决,是因为我到了日本,在学习日语的时候明确的。日语是ＳＯＶ型语言,谓语动词总是在最后。所以它的时态标记也总是在最后。而类似上述的句子,日语用"たら",即"た"的变形。用生成语言学的眼光来看,这实际是由两个小句合成的。两个小句里各有一个"了"就是顺理成章的了。于是在延宕了10年之久后,本书第二章《现代汉语的句子构造及词尾"了"的语法位置》就问世了(《语言教学与研究》1999年第3期)。为了说明日语句子和汉语共有的这种性质,我写作了『中国語の前動詞節中の"了"について』一文(『日本語と中国語のアスペクト』,白帝社2002），它的汉语文本是第三章《现代汉语条件句里的"了"》（未发表）。

一般认为，现代汉语虚词有两个"了"。为了釐清这两个"了"，学界做了种种努力，然而不能凑效。由于对历史已经有了一个全新的认识，所以从历史发展的角度我做了一次全面清理，写成了本书第六章《现代汉语句尾"了"的语法意义及其与词尾"了"的联系》(《世界汉语教学》1990年第2期）。我以为句尾"了"里实际融合着一个语气词"也"。

无论从翻译的角度，还是从对应的数量看，现代汉语的句尾"了"跟"过去时"（past tense）的关系相当密切。和英语、日语不同的是，汉语判断句、形容词句（非变化句）不采用"时"（tense）的区别。为了帮助教学，我对"了"与"时"的关系以及句尾"了"的其他情况做了进一步的阐发，这就是本书第七章《现代汉语句尾"了"的语法意义及其解说》(《世界汉语教学》2002年第3期）。

从最初开始写作的1982年到现在，整整经过了20年。特别是从1990年发表本书第六章之后，其间停滞了10年。这期间，学界向我提出了种种质疑。有一些是误解，有一些是我原来没有说清楚的。所以，我写作了第八章《关于语法分析的几个原则问题》(《世界汉语教学》2000年第3期），作为对这些意见的回答，也同时说明一些我在研究当中已有的一些看法。

　　整个研究经过了20年,似乎有点儿长。不过这20年并不是白费的。因为在20年前怎么也不会想到能发现元代的《老乞大》,更想不到书中会留下从"了也"到"了"的过渡状态。20年前也完全想不到,"了"的出现位置问题的最终解决会受到日语语法的启发。而正是这两个问题的解决,才使这项研究获得了一个比较完满的结局。

　　自然,研究是无止境的。"了"与汉语整个句子构造的关系,"了"与其它汉语时态标记的区别,以及"了"的布局与历史上汉语机制的转变,都是今后研究的课题。个人的力量毕竟是有限的,我也许还可以做一点工作,但更多的寄希望于后来者的共同奋斗。

　　在这部著作最后定稿之际,我不能不想到从一开始就关心这项研究的朱德熙先生。朱先生最早看了我的初稿《现代汉语虚词"了"的研究》,并且把它介绍到由他主持的语法沙龙上做报告。经过20年时间,当年参加沙龙的吕叔湘先生,马希文先生,叶蜚声先生和我所敬爱的朱德熙先生都已经先后作古。这不能不让人掩卷凄恻。在那次讨论会后,朱先生建议先发表历史来源的考证部分,并且为我仔细阅改了三遍,亲自推荐给《方言》杂志。现在,在最后写定全书的时候,是多么想再请先生过目,既向他请教,也向他汇报这项他曾经为之期待的研究的最终成果,然而这一切都是不可能的了。我唯一的希望，就是本项研究，的确让"了"的研究向前跨进了一步，证明先生当年的心血没有白费。谨以此告慰先生。

引用文献

丁声树等1961：《现代汉语语法讲话》，商务印书馆。

吕叔湘主编1981：《现代汉语八百词》，北京，商务印书馆。

刘勋宁1985/1998a/1998b：现代汉语句尾"了"的来源，《方言》第2期；又见《北京大学百年国学文粹·语言文献卷》，北京大学出版社1998；又收入《现代汉语研究》（个人论文集），北京语言文化大学出版社1998。

刘勋宁1988/1998/2001：现代汉语词尾"了"的语法意义，《中国语文》第5期；又收入《现代汉语研究》（个人论文集），北京语言文化大学出版社1998；日语译文见『中国語言語学情報3　テンスとアスペクトⅡ』，好文出版2001。

刘勋宁1990/1998：现代汉语句尾"了"的语法意义及其与词尾"了"的联系，《世界汉语教学》第2期；又收入《现代汉语研究》（个人论文集），北京语言文化大学出版社1998。

刘勋宁1998：〈祖堂集〉"去"和"去也"方言证，《古汉语语法论集》，语文出版社。

刘勋宁1999：现代汉语的句子构造与词尾"了"的语法位置，《语言教学与研究》第3期

刘勋宁2000a/2000b：答友人——关于语法分析的几个原则问题，《世界汉语教学》第3期；又收入《面临新世纪挑战的现代汉语研究——'98现代汉语语法国际学术会议论文集》，山东教育出版社2000。

刘勋宁2001：新发现的〈老乞大〉里的句尾"了也"，香港《中国语文研究》第1期。

刘勋宁2002a/2003：现代汉语句尾"了"的语法意义及其解说，《世界汉语教学》第3期；又收入中国人民大学复印报刊资料《语言文字学》第1期。

刘勋宁2002b：中国語の前動詞節中の"了"について，『日本語と中国語のアスペクト』，白帝社。

郑　光1999：元代漢語の『旧本老大』『開篇』19，好文出版。

第1章 现代汉语词尾"了"的语法意义

0. 引言

0.1 普通话有两个"了"。一个出现在谓词(以下用 V 来表示,包括动词、形容词和短语动词)之后,称作词尾"了"(简称"了1");另一个出现在句尾,表示某种语气,称作句尾"了"(简称"了2")。一般认为词尾"了"表示完成,句尾"了"表示一种新情况的出现。本文讨论词尾"了"的语法意义。

0.2 什么是"完成"? 赵元任先生在 *A Grammar of Spoken Chinese*(《中国话的文法》)一书中释为"completed action"(动作完成)①。王力先生在《中国语法理论》中图解了"完成"貌(这里只取"着"和"了"的图解):

认为 A→B=进行貌(着),B=完成貌(了)。吕叔湘、朱德熙《语法修辞讲话》索性把"了"释作"表示行为的结束"。

词尾"了"真的是表示"完成"吗?

一

1. "V+了"与"A+了"释义的不平行性

1.1 最容易引起我们怀疑的是通常"动词+了"的释义方式难以推及"形容词+了"[②]。例如:

A　看了一遍　已经看完了　大了一寸　*已经大完了
　　砍了许多　已经砍完了　瘦了许多　*已经瘦完了
B　吃了饭去　吃完饭去　　红了脸说　*红完脸说
　　还了债买　还完债买　　低了头走　*低完头走

有些语法书把B组例句里的形容词看作动词,这不改变解释不成立的事实。"红了脸"的脸是红的,"低了头"的头是低着的,都不是形容词所表示的那个意义的结束,因而无法说是"完成"。(这两例里的"了"都可以换成"着",也表明不是"完成"。)

1.2 这种动词和形容词释义时的不平行现象也反映在由动词和形容词构成的述补结构(动结式动词)带"了"后的语义分析当中。由于该结构是两部分构成的,"了"所表示的"完成"就有两种可能:一是动词所表示的动作的完成,一是形容词所表示的结果的完成。从实际例句看,说结果的完成,困难一如前述。

C　小李放平了桌子　　放完了　　*平完了
　　猫打破了玻璃　　　打完了　　*破完了
　　小张吃圆了肚子　　吃完了　　*圆完了
　　不小心弄脏了衣服　弄完了　　*脏完了

马希文1987指出:"动结式动词中,在语法和语义方面起主导作用的部分是'结'而不是'动'。"我们考察的结果恰恰是"结"的部分与"完成"义相抵触。这就很有意思了。按照定义,补语的作用在于说明动作的结果或状态;也就是说,述补结构表示在动作的作用下,某种结果或状态的获得或出现;如果我们又以为带"了"表示这种结果或状态的结束,岂不是说"了"有一种否定作用?这显然是不合理的。

1.3　动词和形容词在语法上属于不同的类。如果仅仅是形容词后的"了"不能解释为完成,我们可以把这种不同归因于动词和形容词本身的不同性质,或者把"了"分化。但是,通过进一步考察,我们很快发现,"完成"说对于"动词+了"也不是完全适应的。

二

2. "V + 了"与"完成"

2.1　先看几组"动词＋了"的句子：

A　有了媳妇忘了娘
　　没了谁地球也照样转
　　存了这种心，我们也就没办法了
　　死了你爹，看还有谁疼你

B　我怎么会相信了他的鬼话
　　这才同意了我的看法
　　我害怕了一辈子你爹
　　奶奶算白疼了你一场

C　糊了好大一块
　　疯了许多年了
　　病了就没戏唱了
　　断了就把它扔了

D　门口坐了许多人
　　楼上住了一位客人
　　床上躺了一个孩子
　　池子里养了许多鱼

A组的动词表示存在与否，B组的动词表示一种心理状态，"动词+了"的意思正是这种性质或状态的获得，因而与"完成"相排斥。C组动词赵元任先生叫作状态动词。他说，语义上，状态动词是表示一个人或一件事情所达到的某种状态或情形；状态动词和形容词在语法上的轮廓很相像。赵先生把它算作动词里一个特殊的类。D组动词朱德熙先生1981曾做过深入分析，认为动词含有"状态"的语义特征。很明显，C、D两组动词带"了"表示的是某种状态的产生和存在，而不是这种状态的完成。尤其是D组动词后的"了"还可以换成"着"，"基本意思不变"，更可见它的意义不会是"完成"。

2.2 问题倒不在这些动词。因为它们在语法上或者语义上有特殊性，可以特殊处理。问题出在那些被理解为"完成"的"动词+了"，如果换一种语言环境，就可能与"完成"的语义相龃龉。下面看两组句子。

> A1 吃了就走
> 问了就对了
> 说了就放心了
> 嚷嚷了一阵就没声了

A 2　踏在地上走了走
　　 也算过了几天好日子
　　 响了好一阵子
　　 消息传了个遍

B 1　吃了这么长时间，还在吃
　　 问了一遍又一遍，讨厌死了
　　 说了个没完没了，婆婆嘴
　　 嚷嚷了快一小时了，还有完没完

B 2　小道上走来了一老一少
　　 终于过上了好日子
　　 会场上响起了热烈的掌声
　　 远远地传来了一阵歌声

A组可以理解为完成，B组不行。B 1组"动词+了"之后有量的指示，并有后续分句说明动作没有结束。B 2组动词后加上了趋向补语，取消了动作过程的结束点，因而也无法说是完成。

2.3　趋向补语"起来"的一个引申意义是"表示动作开始"。按理，"开始"与"完成"是相对立的，可是我们却经常看到"起来"与"了"一起附加于一个动词：

他俩说着说着就打了起来，拦也拦不住。

人们对他逐渐信任了起来，甚至有点儿离不开他了。

"了"与"起来"不是"水""火"不容的关系，倒是"风""火"相趁的关系。

2.4 这种现象并不只发生在"了"与"起来"之间，"了"与其他的趋向补语间同样存在着这种解说上的矛盾。例如：

> 我们快步迎了上去
> 声音接连不断地传了开去
> 香味远远地飘了过来
> 会场上渐渐平静了下来③

2.5 多观察一些例句还会发现，前面说的述补结构里的动词也不是总能够被理解为"完成"的。例如：

> 她哭红了眼睛
> 小王笑弯了腰
> 这才拧紧了猴皮筋
> 终于抡圆了套绳

不仅形容词表示的结果状态在持续,就是动作本身是否结束也是不一定的,这完全要依靠语境来判断。特别是后面两例,只要结果状态存在,动作就不会结束。

2.6 由此看来,一个"V+了"的格式是不是能够被理解为"完成",至少要看两个方面:一是V本身的性质,二是"V+了"所处的语境。既然把"了"理解为"完成"要受到这么大的限制,不能一以贯之,可见,"了"所表现出来的"完成"义只能是某种条件下的偶发现象,而不可能是它本身固有的语义特征(又见4.7)。

三

3. "V了"与"V完"的对立

3.1 事实上,北京话另有表示动作完成的语法格式,这就是"V+完"的格式。将"V+了"与之比较,可以看出"V+了"的语义与真正的"完成"是有相当距离的。

3.2 先说明一下。北京话的"V+完"是一个歧义格式。"完"既可以指动作本身的完成,也可以指动作对象的完成。比如:

吃完　a．(有话)吃完再说——指动作
　　　b．(饭)吃完再添——指对象

使完　a．(板凳)使完了还给我——指动作
　　　b．(钱)使完了就找我要——指对象

许多方言里，这两种意义是用不同的补语成分来区别的，如动作完成用"毕""罢""过"等，动作对象的完成用"完""掉"等④。普通话在书面上可以见到用"罢"来表示动作完成的，但似乎不是北京话的形式。《骆驼祥子》"完"出现121次，"罢"只出现了4次，而其中一次是"善罢甘休"，三次是"也罢"，未见有用作补语的。

我们把"了"看作动词"体"(aspect)的标志，当然只指动作本身的状态。下面用来进行比较的"V完"格式也就只取表示动作完成意义上的。

3.3　现在对比例句：

A　吃完才觉着有点儿香味
A'　吃了才觉着有点儿香味

A是说完成整个动作，香在最后。A'则指实现

"吃"这件事情，可能闻着不香吃着香。虽然实现"吃"这件事情会有一个动作的结束点，但A'的着眼点显然不在此。

  B 见完他还真有点儿后怕呢
  B' 见了他还真有点儿害怕呢

 B的"怕"是在动作完成之后，"见"的当时可能感情冲动，忘乎所以。B'的"害怕"则是在实现动作的当时，过后想想，可能反而觉着没有什么可怕的。

  C 你说完没有？
  C' 你说了没有？

 C是询问是否结束，C'是询问是否施行了"说"这件事情。

  D 好容易当完兵
  D' 好容易当了兵

 D是说结束当兵生活不容易，D'是说当上兵不容易。

E 有什么问题去完了再说
E' 有什么问题去了再说

两句所差虽在一个"完"字,意义却相去甚远。E"说"的时间是在动作结束之后,E'则是在动作实现之时;E"说"的地方在此,E'"说"的地方在彼。

F 忙完了我就来找你
F' 忙了我就来找你

"忙完了"找的时间是在"忙"结束之后,"忙了"找的时间恰恰相反,是在正忙的时候。

3.4 "V完"和"V了"都是普通话里常见的格式,例句无须多举。用本文一开始所引诸家关于"完成"的说明来衡量这些句子,无疑,它们用来描写"V完"的语义才是最合适不过的。如果用"完成"说来指导"V完"格式的造句实践,大概会比指导"V了"格式的造句实践要顺理成章得多。

四

4. "了"的语法意义

4.1 语言是一个系统。一个语法形式的意义从下述几方面的关系中表现出来：

(1) 与相关语法形式的对立；
(2) 该语法形式采用前后的对比；
(3) 与该语法形式的否定形式的对应。

所以我们可以通过这些方面去进行观察。上一节比较"V了"与"V完"，就属于第(1)方面的工作。这种比较虽然不能确定一个语法形式的意义究竟是什么，但能表明它不是什么。"V了"与"V完"的对立，清楚地显示了"了"的实际意义与"完成"之间的距离，也就排除了把"了"认作"完成"的可能。我们必须重新考虑"了"的语法意义。在上文的分析当中，我们使用过"实现""施行""获得""出现"等说法。由于谓词词义的千差万别，具体的说解自然会多种多样。但寻绎其间，特别是和"V完"对比，我们不难得到这样的看法：带"了"所强调的是动词、形容词的词义所指成为事实。当我们通过另外两方面来求证"了"的语法意义时，这种看法得到了证实。

4.2　显而易见,一个语法形式的否定形式应当是与其意义相反、然而彼此对当的形式。所以我们先看"了"的否定形式给我们的证明。

几乎所有的语言学家都认为"V了"的否定形式是"没有V",但是没有哪位语言学家在认为"了"表示完成的同时认为"没有"否定完成。《现代汉语八百词》说"了1"是"主要表示动作的完成",说到"没有"却是"否定动作或状态已经发生"。从各自的材料出发,分头归纳,最后得出不对称的描述,这是常见的,也是极自然的。但是当我们把它们联系起来,并认为其间存在着否定关系的时候,就不能不怀疑这两方面的描述中至少有一方面是有偏差的。请看例句⑤:

> 吃了饭来的——没吃饭来的
> 做了准备——没做准备
> 水开了冲的——水没开冲的
> 柿子红了摘的——柿子没红摘的
> 完成了任务——没完成任务
> 打完了猪草——没打完猪草

"没吃饭来的"是根本没有吃,不是没吃完。"没做准备"是根本没有准备,不是没做完准备。"没有"否定的不是"完成"状态,而是整个事实。至于最后两例否定动作的"完成",显然是由词汇意义决定的。《现代汉语八百词》对"没有"的说明是近乎事实的。由"没有"倒推回去,一个很自然的结论就是:"了"所表示的应当是"没有"的反面,一种实有的状态——即事实的状态。这样的认识不仅使得"了"与"没有"之间的意义说明真正对当了起来,而且完全符合我们在具体考察中所得到的印象。

4.3 将带"了"和不带"了"的句子加以对比,同样可以看出能不能带"了"的语义限制在于动作或性状是否成为事实,而不在于这个动作或性状是否处于"完成线"上⑥。试比较:

我试做一次——我试做了一次
把球扔过去——把球扔了过去
立即结束战斗——立即结束了战斗
大概(能)收一半儿——大概(只)收了一半儿
看样子(要)下一场好雨——看样子(真)下了一场好雨

而那些由于还没有成为事实而用了"了"的句子则是病句:

*下个月我干了十五天活儿。
*应当严肃处理了这件事。
*我深信，会议以后，深训必将出现了一个新的改革局面。

可见"了"的作用确实在于确定动词、形容词的词义所指是一个事实。

4.4 在日常教学当中，为了说明那些动作过程并没有结束而使用了"了"的句子，人们常常把"了"所表示的"完成"解释为"提到的那一部分完成了"。譬如"争了起来"是动作的"开始"完成了；"争了一会儿"是"争一会儿"完成了；"争了大半天了"是"争大半天"完成了。这种说法完全是为解释而解释，既有违于原来意义上的"完成"，也无实用价值。因为这种"完成"是在由"开始"到"完成"的全过程中任意截取的，没有质量规定，所以无从判断⑦。而且究其实质，这种取消了质量规定的任意完成的实际意义不过是承认了动作的存在（成为事实）而已。

为了讲通"形容词+了"的"完成"，有人采用"由一种状态到另一种状态的变化完成"的说法。只要排比一下，就会看到一个有趣的事实，即构成"形容词+了"的形容词本身均指后一种状态而不是相反：

低 → 高　高了
新 → 旧　旧了
生 → 熟　熟了
非红→ 红　红了

这就又使得"完成"的意义等于我们说的"形容词词义所指成为事实"。事实上，有些"形容同+了"的句子，也谈不上"由一种状态到另一种状态的变化"，例如：

高了有什么好
这个星期只晴了一天
我苦了一辈子，就盼着你们不再这么苦

这些句子里的"形容词+了"恐怕还是简简单单地看作"有这么一个事实"为好。

4.5　分析到此，令人想起一个非常有意思的方言现象。这就是闽方言中与"V了"相应的"有V"的形式：

我昨日有睇电影　（我昨天看了电影）——海丰
昨冥汝有唱啊无唱(昨天你唱了没有)——福州
滚水有滚无　　　（开水开了没有）　——台湾

闽方言中这种"有V"的形式正是词尾"了"所具有的语法意义的词汇表现形式。(自然,由于语言系统及表达形式的差异,二者不应视为完全对当。)

4.6 现在总述一下。从"了"的否定形式可以看出,"了"所表示的应当是"没有"的反面——一种实有的状态。从带"了"与不带"了"的句子对立可以看出,"了"表明动作或者性状成为事实。这样,我们就可以把"了"的语法作用表述为:词尾"了"附在动词、形容词以及其他谓词形式之后,表明该词词义所指处于事实的状态下。目前多数语言学家认为"了"是汉语动词"体"(aspect)的标记。我们可以把"了"的语法意义概括为"实现"(《现代汉语词典》:实现,使成为事实),把"了"叫作"实现体"的标记。需要注意的有两点:

(1) 这种"实现体"与"时"(tense)没有关系,因而V表示的动作或事态不论是过去发生的、现在发生的、还是将来发生的,V都可以带"了"。比如:

A 等到秋天,我们就卖地,卖了地就进城找你姑妈去。

B 昨儿买了沙发,这会儿买了大衣柜,赶明儿买了自行车就齐了。

（2）这里所说的"实现"只是动词在语法上的一种属性，即指动作所处的一种状态。因此，即使是"实现"这个词本身，也还需要用"了"来标记它在句中的语法性质⑧。试比较：

A 我们在本世纪末的目标是实现产量翻两番。
B 等到实现了产量翻两番，就有资格说，我们的决策是正确的。

4.7 现在回过头看一看我们为什么会把"了"认作表示完成。错觉大概来自两个方面。一是印欧语语法的影响。关于这一点，只要看一看"了"的研究过程就知道了。人们一度认为"了"表示的是"过去时"，后来终于证明，"了"在tense上没有限制，于是又代之以"完成"。前后都是"用印欧语的眼光来看待汉语"。不过，只有"先入为主"的眼光而没有容易引起错觉的事实，也是得不出似是而非的看法的。所以，另一个很重要的方面就是"实现"与"完成"在语义上的某种重合。关于这一点，要分两头来说。一头是从概念关系上讲，"实现"与"完成"所指范围是交叉的。"实现"是就动作是否成为事实而言，

"完成"是就动作的过程是否结束而言。过程的结束可以是一件事实,但是,是事实的却不一定是过程的结束。当"了"所标记的动作正好处于完成状态时,二者重合(角度不同)。只要超出了这个范围,两者就相径庭了。另一头要从表达(语用)的角度来说。"了"多用于叙述句。王力(即王了一)1982曾把它看作叙述词的标记。叙述句的功能在于叙事,而叙事多是回顾性的。这就自然使得所提及的动作多在时间上成为过去,在状态上常常已经完成。于是也就有了把"了"的意义视同"完成"、"过去"等等的可能。我们在2.6中说,"了"所表现出来的"完成"义只能是某种条件下的偶发现象,现在可以明白,这种条件就是这两头的叠合。

五

5. "看了三天"与"看了三天了"

5.1 本节选一个例子来检验"实现"的语义解释能力。

1961年,吕叔湘先生在《中国语文》上发表《汉语研究工作者的当前任务》的文章,曾提出了一项研究课题:

> 动词后面的"了"字,一般说是表示完成,曾经有人提出一个问题:"这本书我看了三天",意思是我

看完了;"这本书我看了三天了",意思是我还没看完。为什么用一个"了"字倒是完了,再加一个"了"字倒反而不完了呢?这就是很值得研究的一个问题。

二十多年过去了,许多人从不同角度利用不同手段试图解释这个问题,但效果似乎不大理想。现在我们改变了对"了"的语法意义的认识,就给解释这个问题提供了一个新的角度。

5.2 "了"是实现体标记。动词加"了"在语法上成为实现体动词,语义上获得一种实有性质(成为事实)。比较:

A 这本书我看三天　　B 这本书我看了三天
　这间房出租半年　　　这间房出租了半年

"动词 V ＋时量成分 T"表示动作的时间量。A组动词没有"体"的规定,句子主要表示一种计划或设想,它的数量是一种设想的量。B组动词有"体"的标志,它的数量是一种实现的量。

"V(了)＋T"是一个歧义格式。时量成分既可以指动作本身持续的时间长短,也可以指动作完成后所经历的时间长短,但如果这个格式充任谓语,并就此结句,它就只表示动作本身持续的时间长短,没有另外一种意义。因此,那些非持续性动词,即动作开始点和终点重合的动词,是不能出现在这种情况下的,比如:

*这个人死三年　　*这个人死了三年

"这本书我看了三天"这句话,"V(了)+T"后没有后续成分,动词又是实现体动词,所以它表示对整个动作对象(书)所做动作(看)的实际持续的时间量(三天)。

5.3　我们不认为"了"表示完成,那么,"这本书我看了三天"的意思是我看完了,这个"看完"的意思又从何而来呢?

在3.2分析"V完"格式时,我们提出要区分动作本身的完成和动作对象的完成。不过,人的行为常常是有目的的,动作的全过程常常就是动作对象的完成过程。这样,我们就有可能在把动作理解为结束的同时,也把动作对象理解为完成。就"这本书我看了三天"来说,最重要的是它把动作对象提到了大主语的位置上,强调了动作对象与动作的关系。"V(了)+T"后结句,又无其他特殊说明,这就保证了我们把动作的实际持续时间看作一个总量，把动作过程与动作对象的完成视为一致，从而认为动作和书都完成了。

一句话所传递的信息，并不就是它字面上所有的意义。我们不必也不可能把所得到的每一种意思都和字面上的某个成分挂起钩来。"这本书我看了三天"这句话所具有的"完成"的意思只是在特定的语言环境下产生的，换一个环境，就可能全然没有那种意思。例如：

> 这本书我看了三天还没看完
> 这条路我走了五天还差一百里

不仅动作对象没有完成，就是动作本身也很难说是否结束（多半的可能还要继续下去）。

由此可见，"这本书我看了三天"，字面上告诉我们的只是实际发生的动作及其时间量，"看完"的意思是由字面以外的东西告诉我们的。

5.4 现在说"这本书我看了三天了"。先说说这个句子的结构分析。过去一般认为"了"是加在"看了三天"上的。我们提出一种新的分析法，即"了"是加在"三天"上的，它的构造层次是：

看了/三天了

有两方面的理由支持我们这样做。一是扩展：

看了三天了　　看了都三天了
看了三天了　　看了都快三天了
看了三天了　　看了大概都快三天了

一是截取：

看了几天了——三天了
分了几块了——五块了
来了多长时间了——五个月了

做了这样的结构处理以后，它的语法性质就比较明朗了。

5.5　体词之后一般不能加"了"。数量词属于体词，可是数量词加"了"却是常见的：

这个孩子五岁了
体温三十八度了

>　　二十斤了，不要再装了
>　　九个月了，还不见人

汉语"体词+了"还有其他形式，如：

>　　春天了，怎么还不见燕子飞回来
>　　星期五了，该来信了
>　　大姑娘了，还整天疯疯癫癫的
>　　黄庄了，要下车的请往车门口走

我们很容易发现，这些体词有一种共性，就是它们可以和相关的词一起构成一条连续变化的链，比如：

春天、夏天、秋天、冬天、春天……
星期一、星期二、星期三、星期四、星期五……
小姑娘、大姑娘、孩子的母亲……
人民大学、黄庄、中关村、北京大学……

在变化的过程中，可能到达其中的任一位置。体词带"了"就用以说明实际到达的位置。

5.6　数量本来就是连续的，代表它们的词自然组成连续的链。所以，数量词带"了"更加常见也就没什么可奇怪的了。由于带"了"后所指示的数量位置只是整个链条上的一个点，所以它可以延伸，也可以中止。比如：

> 看了三天了，不再看了——中止
> 看了三天了，还得两天——延伸

因此，就"看了三天了"这句话说，它给我们的只是动作已有的时间量，动作本身是否结束并没有说明。不过，已有动作的中止是需要特别说明的，所以在没有说明的情况下，我们认为动作还将继续进行。既然动作还将继续，那么，动作的对象也就不会完成。所以说，"这本书我看了三天了"，意思是我还没看完，这个"还没看完"也是字面以外的东西告诉我们的。

六

6. 余论

6.1 应当说明，对"了"的语法意义产生怀疑并不自我们始。只要描写得稍微详细一点的语法著作或语言教材，几乎都会涉及这个问题。比如：

> 又如汉语动词后边的"了"，一般都说是表示完

成，但是作用跟俄语的完成体或者英语的完成式不完全相同，有过翻译经验的人都知道。(吕叔湘1983:《语言和语言学》)

有些语法论著虽然给"了"下了表示完成的定义，但在具体行文时常常加以补充或更换概念：

当说话者意在说明动作或行为在某一时刻已实现或完成时，就在表示这个动作行为的动词后用"了"。(刘月华等1983:《实用现代汉语语法》)

如果不强调动作的完成或某事已经发生，只是一般地叙述过去某时的情景，则常常不用"了"。(北京语言学院1981:《实用汉语课本》)

朱德熙先生《语法讲义》是分两部分来说的，先讲动词后的"了"表示动作处于完成状态，后讲形容词加"了"，"表示已经实现了的事"。

因此可以这样说，我们的看法"不过错综前贤之说而得其会通"，并不是独出胸臆。

6.2 由于"完成"之说已经成为习用的说法，所以对于既成事实可以有两种处理办法：一是在"完成体"的名目下，修改它的定义；一是换用新的说法。从汉外对比以及加深对汉语本身认识的要求出发，我们以为采用后一个办法较为妥当。

赵世开等1984曾就汉语"了"字跟英语相应的说法做了详细统计，结果如下：

	了1	了2	了1＋2	总计
一般现在时	79	112	22	213
一般过去时	478	147	90	715
将来时	20	66	0	86
完成体	124	62	127	313
其他	8	27	2	37
合计	709	414	241	1364

两种"完成"的差别是相当大的。与汉语"了"相应的英语说法真正用完成体的还不及23%（313∶1364），而且比例数是由句尾"了"提高的；如果只看"了1"则只有17%稍强（124∶709）。赵先生等正确地指出："一般说英语的人把'了1'表示'动作的完成'误以为相当于英语的'完成体'，实际上这是两个不同的语法概念。"既然是不同的语法概念，就最好使用不同的术语。另外在汉外对比上，保留相同术语而求异与改用不同的术语而求同，则后者的效果可能更积极，更有启发性。

6.3 如果从汉藏语系本身来考察，许多少数民族语表现出的"体"的情况，与汉语"了"有密切的对应，而于英语的"完成"相去甚远。（邢公畹1979）重视动作行为的实有性，可能是汉藏语系语言的一个共性，也是相异于其他语系语言的一个特性。从这一点上说，更换术语的意义就更大了。

附注
①赵先生在给"了"释义后，还有这样一段话："虽然'了'表示动作的完成，但当然还有别的法子表示同样的意思。比如下面这句话，咱们就可以省掉'了'字：'这是去年完成（了）的房子。'因为'完成'已经表示动作完成了。"（本段译文取自丁邦新1994）吕叔湘先生在把 A Grammar of Spoken Chinese 译为《汉语口语语法》时对这一段话做了删略。
②这种释义方式是常见的，但不是严密的。这里完全是为了显示动词和形容词之间的不平行现象而采用的。见第三节。
③吕叔湘先生在《中国文法要略》（5.32）中举了形容词的例子：
说到这里，声音渐渐低了下去，一回儿忽然高了起来。
一到十月，这些树叶便红了起来。
吕先生认为这里的形容词"表示一种状态的开始"。这些例子与我们所举的动词的例子是完全相应的。
④如西安话：吃毕了再买——指动作
吃完了再买——指对象
西宁话：话吃罢了再说呵成麼？（有话吃完了再说行吗？）
米吃完了再买呵成麼？（米吃完了再买行吗？）
⑤"没有"同时也是句尾"了"的否定形式。本文不讨论语气词"了"，所以举例回避了句尾位置上的"了"。
⑥这里所说的限制只是语义上的限制。实际上能不能带"了"，还要受到语法上的限制，而这已经不是本文在本题目之下所能讲清楚的了。
⑦这样来解释"完成"的唯一依据就是字面上的那个"了"字，即因为有"了"，所以是完成，因为是完成，所以用了"了"。这对于想知道该不该用"了"和

什么时候用"了"的人来说，显然是没有价值的。

⑧正是在这个意义上，我们认为那种用词汇来替换语法标记以求得（或者验证）语法意义的作法是不妥当的。那种作法类似于训诂上的"随文释义"，虽然说解方便，却容易使人上当。

引用文献

北京语言学院1981：《实用汉语课本》第一册，北京，商务印书馆。
刘月华等1983：《实用现代汉语语法》，北京，外语教学与研究出版社。
吕叔湘1982：《中国文法要略》，北京，商务印书馆，1982新版。
吕叔湘1983：汉语研究工作者的当前任务，语言和语言学，两文并见《吕叔湘语文论集》，北京，商务印书馆。
吕叔湘主编1981：《现代汉语八百词》，北京，商务印书馆。
吕叔湘、朱德熙1979：《语法修辞讲话》，北京，中国青年出版社，1979新版。
马庆株1981：时量宾语和动词的类，《中国语文》第2期。
马希文1987：与动结式动词有关的某些句式，《中国语文》第6期。
王　力1984：《中国语法理论》，收入《王力文集》第一卷，济南，山东教育出版社。
王了一1982：《汉语语法纲要》，上海，上海教育出版社。
邢公畹1979：现代汉语和台语里的助词"了"和"着"，《民族语文》第2、3期。
赵世开·沈家煊1984：汉语"了"字跟英语相应的说法，《语言研究》第1期（总第6期）。
赵元任1968：A Grammar of Spoken Chinese, University of California Press.
　吕叔湘译本《汉语口语语法》，北京，商务印书馆1979。
　丁邦新译本《中国话的文法》，台北，学生书局1994。
郑怀德1980："住了三年"和"住了三年了"，《中国语文》第2期。
朱德熙1981："在黑板上写字"及相关句式，《语言教学与研究》第1期。
朱德熙1982：《语法讲义》，北京，商务印书馆。

第2章　现代汉语的句子构造与词尾"了"的语法位置

0. 引言

0.1　本章讨论词尾"了"的使用条件。为了把问题说清楚，不得不同时讨论相关的一些现代汉语的句子构造问题。由于汉语句子构造方面的研究目前还十分薄弱，有些问题我们只能点到为止。作为汉语时态表达的最基本的手段之一，"了"的使用牵扯到汉语语法的许多方面。这些方面的研究，有的目前还完全是空白，有的虽然有些成果可是需要重新考虑。所以，本章所谈的只是一个最重要的方面。

一

1. 基本规则——焦点位

1.1　先看一个例子：

系里　开了会
系里　开会　表扬了老王
系里　开会　表扬老王　去了现场
系里　开会　表扬老王　去现场　开了会

系里 开会 表扬老王 去现场 开会 表扬了老李
系里 开会 表扬老王 去现场 开会 表扬老李 去了现场
……

可以预测,这个句子如果有条件不断延长的话,"了"只出现在最后一个动词节(即一个VP)上。

这样,我们就得到了一条规则:

一个句子里有多个谓语动词节的话,词尾"了"只出现在最后一个谓语动词节上。

如果用公式描写的话,就是:

$$S_句 = S_主（VO + VO + \cdots\cdots \mid ）V 了 O$$

1.2 汉语的句子不一定要有主语。即使有主语,也不一定是施受关系。赵元任1968曾举了有名的例子:

他是个日本女人。(=他的佣人是个日本女人。)

从此以后,许多人注意到了主语谓语之间的不相应的关系。其实,这还不够。汉语的主语谓语之间的关系远远不是一个不相应的问题。即使把谓语前的部分都叫作话题，也不能从根本上解决问题。（严格说来，这只是一种"作法"。）可以说，汉语的主语只不过是给表述提供了一个背景，一个着落点。因此就我的认识，汉语的句子应该分两部分研究。就谓语部分来说，完全可以抛开主语进行独立的描写和研究。

1.3　许多人说到了汉语句子的信息焦点（focus）在句子后部。很明显，1.1例句的表达重心都在最后的动词节上。"系里开了会"说的是有"开会"这件事。"系里开会表扬了老王"说的是发生了"系里表扬老王"这件事，"开会"只是表扬的方式。"系里开会表扬老王去了现场"说的是表扬的内容。我们可以把这句话用对话的方式逐层展开：

老王去了现场了。
——是吗，又去了？你怎么知道的？
——系里开会表扬了。
——系里开会了？
——啊，系里开会你都不知道吗，你也真够呛！

但对话不能从"系里开了会"开始，除非故意卖关子[①]。

这可以说明汉语句子的表达重心的确在最后的谓语动词节上。

1.4 根据1.2和1.3的理由,我们把1.1的构造式略去主语代号,增加焦点标记,改写为:

$$P =（VP+VP+VP+……+）VPf$$

我们把这个构造式看作词尾"了"出现的基本规则,简称为汉语的"ＶＶＦ"规则[②]。

1.5 长期以来,汉语语法研究集中在词组构造上。词组与词组,或者说小句与小句之间的关系研究相当薄弱。最近张伯江、方梅出版了他们合著的《汉语功能语法研究》,填补了这方面的空白。他们指出(28页):(我们在作者所说的主位标志"啊"下面加"·"表示。)

主位标志既然是次要信息和重要信息的分界线,它就绝不会出现在焦点成分里:
＊这伙人没事总爱在胡同口大槐树底下玩啊台球。
＊其实你也就是啊一般人。
＊咱们谁也不要使啊这个电话了。

*最好谁也别欠啊谁的情儿。
*咱们国家又没有啊去那儿的飞机。

前三个例子由于语义的关系，无法带"了"——第一句的"总爱"与"了"是反对关系，反复"实现"等于没实现，第二句是属性动词（属性动词带"了"有特殊限制），第三句的动作是预期而不是事实（参见本书28页4.3）。其他两句带"啊"成为病句的地方正好都是带"了"可以活起来的地方：

最好谁也别欠了谁的情儿。
咱们国家又没有了去那儿的飞机。

而且第一句如果没有"总爱"，也可以把"啊"换成"了"而让它活起来：

这伙人没事在胡同口大槐树底下玩了台球。

我们指出，词尾"了"只出现在最后一个谓语动词节上。张伯江、方梅他们指出，主位标志"啊"绝不会出现在焦点成分里。两种认识合起来，我们可以说，汉语的句子焦点在句尾上；"了"用于焦点动词，是焦点动词的标记。

1.6 一般认为"了"表示某种时态意义,于是提出一个问题,为什么符合这些时态语义的动作动词后面并不是总能够加"了"。房玉清1990曾经仔细分析了留学生下列病句,并指出:

> 昨天天气很暖和,我们去了散步。(英)
> 客人一来了,他连忙跟他们说了一些闲话,然后请他们入席。(法)
> 外国学生往往把"-了"误认为"过去时"的标志,到处套用。其实汉语表示过去的动作不一定用"-了"。

外国学生误认为"过去时"并不比误认为"完成体"更糟糕③,出这些病句的原因也不在"到处套用",汉语也不是"不一定用"。试把这些句子里的"了"去掉,立刻就知道不通,甚至意思相反(我们去散步≠我们去散了步)。这些句子之所以有病的根本原因是用错了地方。如果要用"了",第1例的"了"只能在"散"的后面,因为"去"是前VP,"散(步)"是后VP。第2例的第一个"了"应该删除(这里的短句是从属结构,用不用"了"另有规则);最后一句如果是文章的结束,可以在"入"的后面加一个"了"④。

1.7 我们知道,英语是有形态的语言,可是,英语的时态成分也只能加在主要动词(main verb)上,而不是任意一个符合时态语义的动词都可以带上时态标记的。从这一点上看,汉语也是有"主要动词"的,所不同的只是汉语的"主要动词"在句子的后部。

不过,我们不采取"主要动词"的说法。这是因为英语和汉语有一个巨大的差别,这就是英语的句子要大量使用情态动词、助动词(如完成体前面的"to have",进行体前面的"to be")和系词——最显著的就是形容词做谓语要用"to be"连接。这些词都位于句子的前部,成为"时体"标记的承担者。只有这些词都不出现时,才能轮到最先出现的动词。可是汉语没有英语那样的助动词,形容词直接做谓语,因此,汉语的"时体"标记的担子就自然地落到了"实义动词"甚至"形容词"的身上。因而像这样的句子:

I wanted to do something.
我想做点儿什么。

英语"want"可以有时态,而汉语在这个意义上的"想",因为后面有另一个动词,几乎总是不能带"了"。特别是情态动词在两种语言里都是位于前部的,而英语的情态动词是"时体"标记的承担着,汉语则根本不能承担。我们显然无法说明情态动词和一般动词谁是主要的,谁是不主要的。也许正如人们所说,英语是重"形式"的语言。英语的第一动词就是主要动词,形容词做谓语要给它加上一个傀儡动词"to be"当它的主要动词。所以我们从功能出发,把加"了"的地方称为"焦点",而不采用"主要动词"的说法。

1.8 也有人把说话时用重音强调的成分叫作"焦点"(沈开木1987)。作者的例子是:

> 他写了一张请假单。
> "他"、"写了"、"一张"、"请假单"、"写了一张请假单"、"一张请假单"都可以是焦点。这,可以从它们能回答的问题上得到证明。"他"能回答"谁写了一张请假单"的问题。"写了"能回答"他对一张请假单做了什么"的问题。"一张"能回答"他写了几张请假单"的问题。"请假单"能回答"他写了 张什么"的问题。"写了一张请假单"能回答"他做了什么"的问题。"一张请假单"能回答"他写了什么"的问题。

我们不采取这样的说法。因为重音强调的可以是句子中的任何一个部分，这样就处处是焦点了。我们还是用最朴素的办法，把重音强调的地方叫作"强调部分"或者"强调点"。

1.9 根据以上论述，我们把"了"所在的动词节称作"焦点动词节"，把"了"字所附的动词称作"焦点动词"。需要注意的是，我们没有在1.1的例句最后加上句号。这是因为它出现在具体的句子里时，还要受成句规则的制约。（关于成句规则，我们将在今后的文章中详论。）因此，严格说来，这一节讨论的只是一种句法形式，不是句子。

二

2. 应用规则（1）——单焦点句

2.0 严格说来，单焦点句应该叫作"单焦点叙述句"。我们曾经指出，"了"多用于叙述句。（见本书第1章4.7）所谓"多用"之外的部分是一种非谓语情况，不在本文讨论的范围之内。以下不再说明。

从这一节开始，我们讨论句法形式P怎样进入句子。正像本章一开始说的那样，汉语句子的研究是十分薄弱的，我们还无法把握本文的结论在整个句子系统中的价值和作用。因此，本节以后的论述，只是就"了"出现时所遭遇的环境立论，不全面估价句子的功能以及与其他句型之间的关系。我们希望今后汉语的句子研究能够进入一个盛期。

2.1 下面也先看一个例子：

系里开会，我得了一个奖杯。
系里开会，给大家发奖，我得了一个奖杯。
系里开会，表彰今年的模范，给大家发奖，我得了一个奖杯。
……

我们同样可以预测，如果小句可以不断增加的话，这些不带"了"的小句总是加在带"了"的小句之前。也就是说，"了"只出现在最后一个小句上。这样，我们就得到了第一条应用规则：

应用规则1：几个小句合成一个连续谓语句，词尾"了"只用于最后一个小句。

用公式表示的话，就是：

$$S_S = P1 (+P2+P3+\cdots\cdots+) Pf$$

从这一点看来，汉语不仅有焦点动词，而且有焦点句。并且二者是相应的：焦点动词在连续排列的几个动词节的最后一个,焦点句也在连续排列的几个小句的最后一个。

2.2 房玉清1980在分析留学生病句时曾经列举一些必须用"-了"而没用的句子:

后来我给他找( )一个地方,把他交给一个宋伯伯。(英)
虽然这些话是以后说的,它们却也反映( )土改以后中国农村的情况。(德)
她通过新同志的批评,改正( )思想上的错误。(朝)

他认为"以上句子的括号中都必须用动态助词'-了',因为这些动词都表示完成。"可是除了作者在后面加上( )的动词之外,"交给"、"说"、"批评"也应该是"完成"的(有人不承认汉语有介词,那么,"通过"、"给"也是动词,语义上显然也是"完成"的),那么又为什么不需要加"了"呢?如果我们真的"因为这些动词都表示完成"而加上"了",一定会被老师画上红叉;如果凡是"完成"的动词后都加"了",一定会把老师气疯了。可见,以上有( )的地方需要"了",它的理由完全不是"因为这些动词都表示完成"。

上面这些句子都还有另外一种改法,即给后面再增加一个带"了"的分句,句子就依然成为合法的:

> 后来我给他找一个地方,把他交给一个宋伯伯,<u>他也就有了安身的地方</u>⑤。
> 虽然这些话是以后说的,它们却也反映土改以后中国农村的情况,<u>给我们敲了警钟</u>。
> 她通过新同志的批评,改正思想上的错误,<u>得到了大家的谅解</u>。

这从另一个方面清楚地告诉我们:汉语的句子是有焦点的,不论是单句,还是复合句,焦点都在后部。安置"了"的地方确确实实是在这里。

2.3 下面我们再重点分析两个例子。第1个例子是从一本书上摘下来的。

> (1) 他曾于1983年和1985年两次来华讲学,通过在北京、上海和广州等地举办系列讲座,培训了一大批骨干。1991年7月,他又专程来到苏州,参加由苏州大学主办的第二届全国系统功能语法研讨会,并在大会上就语言研究的指导原则做了重要发言。(《语言·语篇·语境》前言,清华大学出版社,1993)

从语意上看,我们可以在很多地方加上"了",可是加上以后,句子就变得松散起来,甚至相当不通顺了:

(2)ⅰ他曾于1983年和1985年两次来华讲[了]学,ⅱ通过在北京、上海和广州等地举办[了]系列讲座,培训了一大批骨干。ⅲ1991年7月,他又专程来到[了]苏州,参加[了]由苏州大学主办的第二届全国系统功能语法研讨会,并在大会上就语言研究的指导原则做了重要发言。

问题就在于增加了焦点,失去了层次,原来"眉目"清楚的句子变得不清楚了。尤其是第ⅱ句,因为"通过在北京、上海和广州等地举办系列讲座"是介宾结构做状语,从属于主句"培训了一大批骨干",增加"了"之后就格外别扭。

第2个例子是从最近的报纸上抄下来的:

(3)中国国家主席江泽民和美国总统克林顿今天在举行正式会谈之后,共同会见了中外记者。江泽民主席首先讲话说,刚才我同克林顿总统举行了正式会谈。双方就中美关系和重大的国际和地区问题广泛、深入地交换了意见。会谈是积极的、建设性的和富有成果的。中美两国元首成功实现互访标志着中美关系进入一个新的发展阶段。(1998年6月28日光明日报《中美两国元首共同会见记者》)

可以看到,每个句号之前,只有一个"了"字。按说第1句"在举行正式会谈之后"的"举行"后面可以加"了"(下面一句"刚才我同克林顿总统举行了正式会谈"正是这样),但因为这一句后面还有一个分句,"了"字给了下一句"共同会见了中外记者"。最有意思的是最后一句的"中美两国元首成功实现互访"部分,因为是后面部分的"主语",所以没有"了"字,可是同样的话在同天报纸上的另外一篇报导中作为朱镕基讲话时,因为是做谓语就带上了"了"(见下例)。

(4) 朱镕基说:"在江泽民主席去年访美之后,你来到中国进行国事访问,实现了中美元首的互访。这代表了中美两国人民的共同愿望,将推动两国关系进入一个新的发展阶段。"(1998年6月28日光明日报《朱镕基为克林顿举行工作午餐》)

2.4 最后举一个散文里的例子结束本节。

（5）等到方桂同赵元任先生等把范围扩充到语言，利用近代的方法，就奠定了中国语言学的基础。(《方桂与我五十五年·陈省身序》，徐樱，商务印书馆，1993)

本句的一些动词如"扩充到、利用"等后头也是可以加"了"的，可是作者要聚焦于最后一句，因而只在最后一句上加了"了"。

三

3. 应用规则（2）——并列焦点句

3.1 我们很容易发现2.1一开始的例句也可以做另外一种变换：

系里开了会，表彰了今年的模范，给大家发了奖，我得了一个奖杯。

每个小句都有一个"了"，这好像否定了我们在前面提出的规则。其实不然。任何一个说汉语的人都可以看出，这样的句子是"数落句"。也就是说，这样的句子是同时说了几件事，而不是一件事。不过上面句子的"数落"不很自然。因为我们看不出是什么样身份的人在说这样的话。

如果是系领导摆谱表功,则没必要把自己得奖的事也数上,而且开会也是表彰发奖时的自然做法,没必要数落。所以在自然的谈话中,常见的数落是这样的:

> 我今天写了信,填了报表,去了菜市场,回来还看了一会儿书。

这样我们就得到应用规则2:

应用规则2:汉语的一个句子中,也可以同时容纳几件事,这时候也可能有几个"了"。这些"了"字句之间是并列关系。

用公式表示的话,就是:

$$S_S = Pf(+Pf+Pf+\cdots\cdots+)Pf$$

3.2 数落句其实也是焦点句,只是并列了多个焦点句而已。并列焦点句中会有几个小句存在,上一节所说的单项焦点句中也可能有几个小句存在。那么,二者有什么不同呢?我们再多看几个例句:

A	B	C
去食堂吃饭	去食堂吃了饭	去了食堂（,）吃了饭
去公司吃饭	去公司吃了饭	去了公司（,）吃了饭
写信买东西	写信买了东西	写了信（,）买了东西
找人看地方	找人看了地方	找了人（,）看了地方

A是歧义结构，可能跟B同类，也可能跟C同类。B和C不同，B的前动词节只能是后动词节的从属成分（这里分别是场所和手段），而C类就只能是两件事。有时候，即使C的前项相当于后项的一种凭借，只要加上了"了"，说话人也是作为两件事来说的。比如"去食堂吃饭"，最常见的是"去食堂"为了"吃饭"，所以我们常见的实现体说法是B。如果说话人说成C，那就是有意作为两件事来说的。"找了人，看了地方"，也许找人的目的就是为了看地方，可是找人不容易，都要跑腿费精神，说话人要强调这也是一件事。由此可见，多了一个"了"就多了一个焦点，在表达上一件事就会变成两件事。

3.3 数落句的特点是：各小句之间是并列关系，项目是根据说话人的意图不断递加上去的。因而在项目多少上没有限制。不过，过多的平列会失去重心，造成罗嗦感，因此，无论是口语还是书面语中，都习惯将比较重要的事件放在最后"压阵",或者用总括性的话给予总结。3.1所举例句的最后本来可以是简单的"看了一会儿书",但那样就成了完全报帐式的了。所以从语气上来说,要用其他成分照应一下,比如用副词"还"。现在这句不但有副词"还",而且加上"回来"把句子总括一下,语气就紧凑完满了。下面再看一个书刊上常见的"内容简介"的例子:

(6)本书介绍了语段的基本知识,分析了语段的结构和类型,指出了语段使用中常见的错误,阐述了语段的修辞作用。可供中学师生和语文爱好者阅读。(《语段知识》,郝长留著,北京出版社,1983)

没有最后一句"可供中学师生和语文爱好者阅读",前面的句子就会压不住。

3.4 有了以上分析,日常遇到的多数句子已经可以得到解释了。我们略举几个例子。(以下具体分析(7)(8)两个例句,用 1 表示话题,P 表示谓语。其后的例句请读者自己分析。)

(7)中国经济的繁荣带来了中国注册会计师事业的发展,也为国际会计师行业提供了极大的市场和发展机遇，国际资本一体化带来了会计市场的一体化。这一发展趋势，不仅为中国注册会计师提供了更为广阔的执业领域，同时也从客观上对注册会计师提出了更高的执业质量要求。(《会计》，中国财政经济出版社，1998)

T（中国经济的繁荣）
　　——P1（带来了中国注册会计师事业的发展）
　　——P2（[也为国际会计师行业]提供了极大的市场和发展机遇）
T（国际资本一体化）
　　——P1（带来了会计市场的一体化）
T（这一发展趋势）
　　——P1（[不仅为中国注册会计师]提供了更为广阔的执业领域）
　　——P2（[同时也从客观上对注册会计师]提出了更高的执业质量要求）

(8) 老师发现了她的举动，严厉地点了她的名："玛丽！"(《故事会》1998年第7期，上海文艺出版)

T（老师）
——P1（发现了她的举动）
——P2（严厉地点了她的名："玛丽！"）

（9）……一书，对刑法部分的内容，全部根据新修订的刑法重新进行了改写；对行政处罚法、房地产管理法等部分又增加了新的内容；对书中凡涉及到新公布或修订的法律的有关内容也均进行了相应的修改。（新华书目报512期P.1）

（10）这种新的分析尽管仍有若干不能令人满意的地方，但它既体现了各种语言在辖域等方面的相同之处，又反映了不同类型语言之间在疑问句上的差异，从而达到了汉语语法和普遍语法比较有机的结合。（《当代语言学》1998年第2期P.7）

（11）从病情上面来说，有的属于语言结构方面出了问题，有的属于其他方面（例如逻辑、事理、习惯、情调等等）出了问题。（《汉语病句辨析九百例》张清常序，华语教学出版社，1997）

3.5 有时候句子会稍微复杂一些，相当于各种句式的复合,这里也略举数例。

(12) 你很聪明,你本可以写出很地道的作品,可你却当上了聪明的文学玩主。你很敏锐,本可以写出很深刻的小说,可你却只是借文学撒了一把野。你很机智,本可以写出很有深度的文字,可你却机智地当上了文坛的痞子。(《给名人上课》,凡人主编,中国广播电视出版社,1998)

S1—T(你)
　　——P1(你很聪明)
　　——P2(你本可以写出很地道的作品)
　　——P3(可你却当上了聪明的文学玩主)
S2(略)
S3(略)

(13) ……好比一条鱼不洗不开膛就上了桌,让人出了全鱼价,一口没留神还添了恶心。(《王朔自选集》序,花边出版社,1998)

S1—T(好比一条鱼)
　　——P1(不洗不开膛就上了桌)

——P2（让人出了全鱼价）
——P3（一口没留神还添了恶心）

P1"不洗不开膛就上了桌",如果按时态分析,好象可以写成"不洗了不开了膛就上了桌",可是作者处理为连续的动词节,只把"了"放在最后一个动词节上,作为一件事,让它和其他两句并列。

3.6 目前教汉语的课堂上或语法书中,几乎都是举单句为例,只相当于我们对一个P的分析。因此,本文的结论已经囊括了目前语言教学和语法分析中遇到的绝大多数情况。不过,这不是全部。下面这些句子,它们的"了"并不因为后面动词节的增加而后移:

> 下了课你来找我。
> 给了他就对了。
> 支持了他就等于支持了我。

不过,我们可以感觉得到,这些句子与我们前面分析的句子不是同类的。既然类不同,规律也有所不同,这是不奇怪的。关于这些句子的分析,我们将在下一章中详细讨论。

四

4. 一个优秀分析的再分析

4.1 李兴亚《试说动态助词"了"的自由隐现》一文是讨论"了"字使用条件时引用比较多的一篇文章。应当说,李文已经猜测到了其中的一些微妙之处,有些说法是与我们暗合的。请看原文最后一段(括号[ ]是原有的,意思是"原文中没有用'了1',但可以用上;[了]表示原文中有'了1',但可以不用。"):

二、在表示"行为—结果或者方式—结果"关系的复句中,如果表结果的小句动词后头用有"了1",则前头表示行为或者方式的小句中动词后头"了1"常常可以自由隐现,因为结果既已出现,行为、方式当然已经完成。例如:

(62)党认真补救[ ]农业合作化后期以来农村工作上的失误,提高[ ]农副产品价格,推行[ ]各种形式的联产计酬责任制,恢复并适当扩大[ ]自留地,恢复[ ]农村集市贸易,发展[ ]农村副业和多种经营,极大地调动了农民的积极性。(中国共产党中央委员会关于建国以来党的若干历史问题的决议)

(63)五中全会增补[了]政治局常委委员,成立[

]中央书记处,有力地加强了党中央领导。(同上)

(64)中国微型电脑应用协会最近在湖南长沙举行[ ]成立大会,通过了协会章程,选举了理事会和常务理事会,制定了协会工作计划。(光明日报1981.10.25,2版)

(65)罗贯中搜集[了]所有的关于曹操奸诈恶毒的传说,集中起来,塑造了一个剥削阶级的利己者的典型。(中国科学院文学研究所:中国文学史,三,848页)

以上例子中"补救、提高、推行、恢复并适当扩大、恢复、发展、增补、成立、举行"后头都可以用上"了1";用上"了1"之后,前后小句之间的"行为—结果或者方式—结果"关系不及原句显著。例(65)"搜集"后头"了1"可以去掉;去掉后,小句之间"行为—结果或者方式—结果"关系比原句显著。

为什么会有"行为—结果或者方式—结果"这样的关系,其实就是"ⅤⅤF"规则在起作用。带"了"的地方是焦点所在,也就是作者所说的"结果"。那些没有用"了"的动词之后,正象作者所说,"用上'了1'之后,前后小句之间的'行为—结果或者方式—结果'关系不及原句显著。"不过,现在看来,就不仅仅是"不及原句显著"的问题了。

4.2 下面就让我们重新来看一看李兴亚先生分析过的这些句子。先看加上"了"之后的例(62):

(62)党认真补救了农业合作化后期以来农村工作上的失误,提高了农副产品价格,推行了各种形式的联产计酬责任制,恢复并适当扩大了自留地,恢复了农村集市贸易,发展了农村副业和多种经营,极大地调动了农民的积极性。

这就成了一种"数落句"。可是就这句来说,前面都是具体措施,最后一句不是措施而是效果,就是我们在3.2所说的"总括性的话",无法与之"并列"。所以,要保留最后一句的"了",前面几项动词之后的"了"就不是可加可不加的问题,而是完全不能加。

再看作者分析的例(65):

(65)罗贯中搜集〔了〕所有的关于曹操奸诈恶毒的传说,集中起来,塑造了一个剥削阶级的利己者的典型。

作者以为"例(65)'搜集'后头'了1'可以去掉；去掉后，小句之间'行为—结果或者方式—结果'关系比原句显著。"其实不然。原句说的是罗贯中两方面的成绩，一是"搜集"，一是"塑造"。因为"搜集"与"塑造"之间还有一段距离，所以才有了"集中起来"一句。如果真的去掉了"搜集"后头的"了"，关系就完全变了（搜集的目的只是为了塑造）。

(64) 中国微型电脑应用协会最近在湖南长沙举行[　]成立大会，通过了协会章程，选举了理事会和常务理事会，制定了协会工作计划。

后三个分句说的是大会进行的三项工作，"举行大会"根本无法与之并列。如果 定要加"了"，就必须用句号点断此句，并在后三句之前加上"会议"另起一句。同理，前面分析过的例(62)如果要保留前面一连串的"了"，一个改法就是把最后一句前的逗号改为句号，另加上主语成为"党的一系列措施极大地调动了农民的积极性。"

例(63)也是一样，请读者自己体会一下。（有一个背景也许应该提醒一下，那次是文革后第一次成立中央书记处。）

4.3 许多人以为汉语的时态标志加不加是自由的。从前述事实可以看出,"了"字的使用要受到句法位置的限制,并不是任意的。语言学家喜欢给文学家纠正"语法错误",往往不能被认可;其中除了本人护短的原因之外,究其根本,则是因为纠正了"语法错误",而犯了"语言错误"——今天我们对语言的认识还是相当肤浅的。

附记:本文最初的设想曾在1989年北大中文系青年语法沙龙上报告过,当时的例句是"系里开会表扬老王去现场救了一个小孩",倏忽已是十年。初稿曾在"98现代汉语语法学国际学术会议"(1998.8,北京)及其后的一些会议上报告过,会上会下得到许多朋友的热情指教,谨致谢意。

附注
①如果要从"系里开了会"开始,就成了这样:
——系里开会了。
——怎么又开会了?
——表扬老王了。
——怎么又表扬那个家伙。
——说是去现场了。
——又不知捣的什么鬼!
可见,这种倒着说是为了引出听话人的不满,把焦点逐步转移到目标上。
②我们的初稿把焦点句节写为"FP"。"VPf"的写法是史有为先生建议的。他的意见很好,我们就采用了。称呼的办法仍然不变,叫"VVF"规则。
③无论从实际用例,还是从统计数字看,汉语和英语相比,汉语的"了"都更像过去时而不像完成体,参看赵世开等1984、本书第1章6.2。
④本文对例句的修改,只就语法问题修改,不考虑修辞,也就是说,我们并不以为这是最好的修改法。
⑤有朋友觉得,这一句即使最后加上带"了"的句子,前面的"后来我给他找一个地方"最好也加"了"。这是对的。但这要看说话人是不是要把这件事也作为一件事情数落。见下节。

引用文献

房玉清1980：从外国留学生的病句看现代汉语的动态范畴,《语言教学与研究》第3期。

龚千炎1995：《汉语的时相时制时态》,商务印书馆。

李兴亚1989：试说动态助词"了"的自由隐现,《中国语文》第5期。

刘勋宁1988：现代汉语词尾"了"的语法意义,《中国语文》第5期。

刘勋宁1990：现代汉语句尾"了"的语法意义及其与词尾"了"的联系,《世界汉语教学》第2期。

刘勋宁1998：《现代汉语研究》,北京语言文化大学出版社。

陆俭明1980：关于汉语虚词教学,《语言教学与研究》第4期。

邢福义1997：V为双音节的"V在了N"格式,《语言文字应用》第4期。

张伯江、方梅1996：《汉语功能语法研究》,江西教育出版社。

赵世开、沈家煊1984：汉语"了"字跟英语相应的说法,《语言研究》第1期（总第6期）。

赵淑华1990：连动式中动态助词"了"的位置,《语言教学与研究》第1期。

赵元任1968：A Grammar of Spoken Chinese, University of California Press.

朱永生主编1993：《语言·语篇·语境》,清华大学出版社。

第3章 现代汉语从句中的"了"

一

1. 焦点后移的例外

1.1 前一章指出:"了"用于焦点动词,是焦点动词的标记。像下面这些句子只有一个动词,所以这一个动词就是焦点动词:

> 我吃了一碗面条
> 他学了三年英语
> 学习取得了较大的进步
> 这家铺子已经姓了王

如果有两个以上的动词,"了"只能出现一次,并且只出现在最后一个动词上。例如:

> 我拿抹布擦了玻璃
> 老太太下地开了门
> 他给我掸了掸土
> 他叫我给他送了包烟

后两个例子里的"给"或者"叫",有人分析为介词,有人认为汉语没有典型的介词,统统看作动词。这些争论不影响我们的分析。因为后面的动词是焦点动词,前面的动词是背景动词,焦点动词上用"了",背景动词上不用"了"。如果看成介词,就更没有问题。因为传统语法认为介词结构做状语,本来就在从属的地位上。这也可以解释为什么介词结构里没有"了"的问题。

1.2 关于焦点动词,前一章1.1已经提供了证明:这就是如果我们不断增加句子里的动词的时候,"了"会不断地往后移动。下面再举一些例子:

> 早上　骑了车
> 早上　骑车　去了学校
> 早上　骑车　去学校　报了到
>
> 我　拿了钱
> 我　拿钱　买了书
> 我　拿钱　买书　送了人
>
> 老头儿　起了床
> 老头儿　起床　下了地
> 老头儿　起床　下地　开了门

刨了坑
刨坑　种了树
刨坑　种树　倒了大霉

我们把以上所说的规则称为"ＶＶＦ"规则。

1.3　这一点我们在十多年前就想到了，并且在北大中文系青年语法沙龙上做了介绍。但是，当时有一个问题却怎么也解决不了，这就是像：

开了门　就跑
开了门　拔腿　就跑
开了门　拔腿　就向后　跑

"了"出现在前面的动词上，而且随着后面的动词增加，并不后移。

因为当时的思路在主要动词和非主要动词的区分上，所以无法判断这里的动词到底哪一个是主要的。这个问题的解决，是到了日本以后，受日语语法的启发而豁然明白的。

2. 日语的"たら"与汉语从句的"了"

2.1 日语有"たら""なら""れば"等一些接续助词，用在条件句里。多数的语言学家都认为，"たら"是时态助词"た"的假定形。按照《日本語文型辞典》的描写，"たら"的作用是：

> 個別的な事態について「Xが実現した場合にYが実現する」あるいは「Xが実現した状況でYが実現するよう求める」といった関係を表す。

该书的例句有：

もしも、あまり高ったら誰も買わないでしょう。
万一雨が降ったら試合は中止です。
ここまで来たら、一人でも帰れます。

这和"了"出现在前面的动词里的情况是一样的。这些句子翻译成中文就是：

太贵了谁也不会买的。

万一下了雨，比赛就中止。

来到了这儿，一个人也可以回去了。

不过，对于我们来说，我们更感兴趣的是教科书对这种句型的图解。下面是《日本語中級　文型表現練習2》的图解：

```
     S1           S2
———————たら———————

     S1           S2
———————れば———————

     S1           S2
———————なら———————
```

也就是说，这本教科书把前一部分看成一个句子，把后一部分看成另一个句子。这样的话，两个句子里各有一个焦点就是很正常的了。

2.2　现在需要检验的是，我们的"ＶＶＦ"规则在汉语的条件句里是不是也能得到贯彻，即是不是也只能出现一个焦点。结果我们发现，条件句里也只能有一个焦点。比如前面提到的例句，我们试着加长它的前面部分：

伸手开了门＋就跑
*伸了手开了门＋就跑

下班到了家＋就升火做饭
*下了班到了家＋就升火做饭

去学校报了到＋去商店
*去了学校报了到＋去商店

骑车去学校报了到＋去商店
*骑了车去了学校报了到＋去商店

这说明，把这样的句子看成由两句合成，"了"是前句里的焦点是合理的。

2.3　顺便想指出的是，日语里的"たら"常常可以换成"たとき"，这在汉语里相当于可以再加上"时/的时候"。日语也可以变成"た後"，相当于汉语可以加上"后/以后"。下面是王彦花1998里的例子：

日本にいったとき、おみやげを買う
　　→日本にいったら、その時おみやげを買う
　　／要是去了日本，就买礼品。

家に帰った時、電話をかける
　　→家に帰ったら、電話をかける
　　／等回到家的时候打电话。

彼女に会ったとき、花束をあげます
　　→彼女に会ったら、花束をあげます
　　／等见到她后，把花束送给她。

　　上面这些例句也可以翻译为：

　　　　到了日本以后买些特产。
　　　　到了家打电话。
　　　　见了她的时候，把花束给她

　　下面是筑波大学留学生センター1999里的例子：

2年後に論文を提出したら、帰国します。
＝2年後に論文を提出してから、帰国します。

＝2年後に論文を提出した後、帰国します。

試験が終わったら帰国しろといわれています
＝試験が終わってから帰国しろといわれています
＝試験が終わった後で帰国しろといわれています

引用文献
刘勋宁1988：现代汉语词尾"了"的语法意义，《中国语文》第5期。
刘勋宁1990：现代汉语句尾"了"的语法意义及其与词尾"了"的联系，《世界汉语教学》第2期。
刘勋宁1999：现代汉语的句子构造与词尾"了"的语法位置，《语言教学与研究》1999年第3期。
砂川有里子など1998：《日本語文型辞典》，くろしお出版。
王彦花1998：《日语语法难点实例分析》，商务印书馆。
筑波大学留学生センター1999：《日本語中級　文型表現練習2》。

第4章 现代汉语句尾"了"的来源

0. 引言

本章先比较陕西、山西方言和近代汉语里与"也"字有关的一些句式，接着提出现代汉语句尾语气词"了"来源于近代汉语的句尾"了也"的说法。

一

1. 从清涧话的"也"说起

1.1 陕北清涧话里副词"也"的语音形式是［·ɛ］或［·iɛ］①。例如：

我［·ɛ］有哩！
夜来你［·ɛ］去来了？（昨天你也去来着？）
水［·ɛ］没喝一口就走了。
去［·ɛ］不是，不去［·ɛ］不是，怎么［·ɛ］不得对（怎么也不合适）。
你［·ɛ］就下材哩，吃他的昝！（你也就是贱，吃他的干什么！）

［·iɛ］只在停顿后边出现：

［·iɛ］就下材哩，人家的就那来好吃？（也就是贱，人家的就那么好吃？）
［·iɛ］该来的了吧！（也该来了吧！）
老实说哩，［·iɛ］就你这号儿人听那（他）的话哩！

1.2 清涧话的［·ɛ］同时还代表一个句尾语气词。下面依出现的场合分别举例。

（A）句尾——

你哪儿去［·ɛ］？
我山里去［·ɛ］。
什么时候又得（能）见［·ɛ］？
大了他自然儿解开［·ɛ］。（长大了他自然会明白的。）
琴妈的受成这的个，敢是生［·ɛ］么？（琴的妈妈痛苦成这样，该是要生了吧？）

（B）呼语之后——

孩儿［·ɛ］，瞧你那容颜。（孩子，看你的脸色怎么成了那样。)

天 [·ɛ], 远路风尘的, 捎这来来! (天哪,这么远的路,你怎么带来这么多!)

儿 [·ɛ], 你就这的个作事! (儿子啊, 你怎么这样做事!)

下不的这孩儿 [·ɛ], 没娘没老子。(可怜见的孩子,没爹没妈的。)

(C) 选择问句中前一个谓词结构之后——

你吃 [·ɛ] 不?
应去 [·ɛ] 甭?
兀城里去过 [·ɛ] 没? (他去过城里吗?)
还不晓得虚 [·ɛ] 是实?
尔个你洗 [·ɛ] 不? (现在你洗不洗?)

呼语应该看成一种句子,所以呼语后头的 [·ɛ] 也是句尾语气词。选择问句里的 [·ɛ] 虽然出现在句中,但也应看作句尾语气词。这从清涧话本身就可以找到证据。清涧话在回答选择问句时,肯定的回答要重复 [·ɛ],例如:

你去 [·ɛ] 不?——去 [·ɛ]。

你这阵儿回 [·ɛ] 不?——我这就回 [·ɛ]。

否定的回答则只取否定词,或者否定词加上动词:

你去 [·ɛ] 不?——不(去)。
你这阵儿回 [·ɛ] 不?——不(回)。

可见,肯定回答和否定回答实际是各取问句谓语的一半,选择问句应该看成是由两个并列的小句组成的,肯定句里的 [·ɛ] 也就是问句里的 [·ɛ]。

1.3 近代汉语的句尾"也"字跟清涧话的 [·ɛ] 对应,也有A、B、C三种用法。例如:②

(A)
  你和媳妇儿先去,我封锁了门户便来也。(《元曲选外编·延安府》)
  他见是我的书呈,必然收留您子母二人也。(《元曲选外编·刘弘嫁婢》)
  未知今日别后,何时重见也。(《董西厢》卷六)
  将玉簪向石上磨做了针儿一般细,不折了便是天赐姻缘;若折了便归家去也。(《元曲选·墙头马上》)

月娘道:"你且休闲说,请看这位娘子,敢待生养也?"(《金瓶梅》30回)

(B)

孩儿也,谁人敢欺负你!(《延安府》)

天也,想刘弘两口儿为人,也不曾行歹也呵!(《刘弘嫁婢》)

我儿也,你那里知道,七顶头盔戴起来,他那边看见好长汉。(《元曲选外编·射柳捶丸》)

(C)

你那里问小僧:敢去也那不敢?我这里启大师:用笞也不用笞?(《西厢记》第二本楔子)

他来也不来?(《延安府》)

你问道真个也是假,莫不我哄你不成?(《金瓶梅》5回)

热了水,娘洗澡也不洗?(《金瓶梅》8回)

还不知孔耘轩肯也不肯?(《歧路灯》4回)

1.4 上举的 A、B、C 三种句式也见于山西一些方言里。山西临汾话的选择问句式是 "V 啊不 V 呢","啊"随前一音节尾音发生连读音变(田希诚 1981):

难 a 不难呢？　大 ia 不大呢？　苦 ua 不苦呢？
捆 a 不捆呢？　去 ia 不去呢？　行 nga 不行呢？

其中的"啊"与近代汉语的"也"对应。临汾话跟近代汉语不同的是句尾有语气词"呢"。

山西洪洞话的"去"本读 [tɕʻi]，但在有些场合读 [tɕʻia]（乔全生1983）。两种读法在语法意义上对立：

你家去地里 [tɕʻi] 了？　（你们去了趟地里吗？）
——被问者已从地里回来
你家去地里 [tɕʻia]？　（你们往地里去吗？）
——被问者正在去

与洪洞话对应，清涧话里前一句是"去"，后一句是"去 + [·ɛ]"。关于洪洞话，作者乔全生也指出："去"读 [tɕʻi] 是本音，读 [tɕʻia] 可能是"去呀"的合音。

据闻，山西话呼语之后的语气词是用"啊"或"呀"，因与北京话类似而被一般著述略去。

1.5 "也"在中古属于麻韵喻（以）母。山西话的读音和清涧话的读音都是合乎一般汉语音韵发展的线索的。我们可以把山西话的 [ia] 与 [a] 看作一个层次，把清

涧话的 [iɛ] 与 [ɛ] 看作另一个层次。那么，山西话和清涧话"也"字的语音对应关系为：③

$$\frac{\mathrm{i}\varepsilon}{\mathrm{ia}} = \frac{\varepsilon}{\mathrm{a}}$$

二

2. 清涧话和山西话的"了"

2.1 北京话的动词词尾"了"与句尾语气词"了"同形。（以下提到北京话时，用"了1"指动词词尾，"了2"指句尾语气词。）在清涧话里，这两个语法成分的读音不同。动词词尾是 [·lɔ]，句尾语气词是 [·lɛ]。例如：

吃 [·lɔ] 再算。　　下上雨 [·lɛ]。（下起雨了。）
步行 [·lɔ] 十五天。　　老赤天明 [·lɛ]。（天大亮了。）

[·lɔ] 也能在句尾出现，但在意义上与 [·lɛ] 对立。比较：

把衣裳收 [·lɔ]！（祈使句）
衣裳早收 [·lɛ]。（陈述句）

吃［·lɔ］，可惜的！（把它吃了，怪可惜的!）（祈使句）

吃［·lɛ］，再甭做［·lɛ］！（陈述句）

人老［·lɔ］，身体也差［·lɛ］。（前一分句是时间修饰，指人老以后，身体也差了。）

人老［·lɛ］，身体也差［·lɛ］。（两分句并列）

清涧话的词尾［·lɔ］跟动词"了［ciɔ］"所差在于介音的有无，可以认为它是"了"的弱化形式。句尾"了"［·lɛ］跟［ciɔ］相去较远。

2.2 山西话的情况与清涧话平行。山西文水话的词尾"了"读［lau］，语气词"了"读［lia］（胡双宝1981）。例如：

开［·lau］花［·lia］

西瓜熟［·lau］，请你们尝尝

西瓜熟［·lia］，请你们尝尝

山西临汾话和平遥话（侯精一1982）的情况也一样。临汾话的词尾"了"读［lou］，语气词"了"读［lia］；平遥话的词尾"了"读［lou］，语气词"了"读［la］（例句从略)。

文水话的词尾"了"读 [lau],平遥话读 [lou],都与各该方言的动词"了"双声叠韵,明显有语源关系。临汾话的词尾"了"读 [lou],与动词"了 [liɑu]"比较,主要元音开口度变小,可以用弱化的原因来解释。这些方言里语气词"了"的读音都跟动词"了"的读音相差太多,难以用令人首肯的语音上的理由解释。

但是,当我们把清涧话和山西这些方言联系起来观察时,就发现,它们的语音形式刚好又处在两个层次上,并与我们在 1.5 里提出的"也"字的语音对应关系平行:

$$\text{也} = \frac{i\varepsilon}{ia} : \frac{\varepsilon}{a} \quad \text{平行于:} \quad \text{了} = \frac{(li\varepsilon)}{lia} : \frac{l\varepsilon}{la}$$

显而易见,这里的缺项 [liɛ] 是可以在现代官话方言里找到的(见 4.4)。"了"在方言里表现的音韵现象引起我们考察历史的兴趣。

<h1 style="text-align:center">三</h1>

3.《祖堂集》的"了"

3.1 我们对南唐作品《祖堂集》做了一次典型调查④。《祖堂集》里"了"字一共出现了 220 次,除去一些固定词组（如"了手、了然"等）和做谓语动词用的外，还有133条。这些"了"字按它们在句中出现的位置可以分成三类举例：

(A) VP了VP　　(B) VP了#　　(C) VP了也#

(A) VP了VP

1　其时天降白乳，入口味如甘露，食了轻健，乃作是言：
2　困了浮在中心，死活不定。
3　和尚见了云：灼然是生我者父母，成我者朋友。
4　师以泥辖敲泥板，侍郎以泥挑挑泥，送与师，师便接了云：
5　师平生预有一言，者老汉去时大吼一声了去。
6　师住庵时，有一僧吃粥了便辞师，师问：汝去什摩处？
7　洞山问两人：和尚迁化后作摩生？刘曰：茶毗。洞山曰：茶毗了作摩生？对曰：……
8　师云：亦不知多少年，只见四山青了又黄，青了又黄，如是可计三十余度。
9　师游西院了归山次，问泯典座：三世诸佛在什摩处？典座无对。
10　过得两年半，有一日，心造坐不得，却院外绕茶园三匝了树下坐，忽底睡著，觉了却归院。

(B) VP 了#

11　过江了,向行者云:你好去。

12　师与紫磷法师共论义次,各登坐了,法师曰:

13　第二日粥鼓鸣了,在西侠里坐,伸手取粥。

14　侍者领师弟入京受戒了,却转来,近百丈,两人坐地歇息……

15　师因行粽子,洞山受了,又展手云:更有一人在。

16　有法空禅师到,问经师经中诸义,师答了,师云:……

17　师求看经志切,寺主便许。师看经了,便去大雄山出世。

18　大师便安排了,处分侍者,教伊煮粥。

19　行得个四五十里困了,忽然见一池水,某甲拟欲入池。

20　仰山见了,贺一切后,向和尚说:……

(C) VP 了也#

21　法师曰:便请立义。师曰:立义了也。法师曰:立是什么义?

22　师受戒后,思和尚问:你已是受戒了也,还听律也无?对曰:不用听律。

23　师问僧:吃饭也未?对云:吃饭了也。师云:宾主二家,阿那个眼目最长?

24　云岩问一句子如何言说,师曰:非言说。道吾曰:早说了也。

25　师曰：何不问老僧？僧曰：问则问了也。
26　和尚云：送师兄去来？对曰：送了也。
27　对曰：共和尚商量了也。师云：什摩处是商量处？
28　有人出来问：承师有言，未离本处，早与相著了也；未审未离本处，什摩处是师与众人相著处？
29　问：古佛之机，已有人置了也，未审师意如何？师云：古佛之机，已有人置了也。进曰：与摩则造次非宜。师乃休去。
30　其鬼使去后，寺主商量，这个事鬼使则许了也，某甲一日作摩生修行？无可计⑤。

3.2　在以上三类句式的VP里，可以出现宾语，也可以不出现宾语（且不论是因为省略，还是因为动词不及物，不能带宾语）。如果我们单单把有无宾语这一点表示出来，而把VP中的其他成分略去，那么A、B、C三式可以分别改写为：

（A）V（O）了VP　（B）V（O）了#　（C）V（O）了也#

从表面上看，A式的"了"在句中，B式的"了"在句尾，构造不一样。可是我们可以从上引《祖堂集》的例子里看到，B式"V（O）了#"是不自由的，它后面总有后续分句承接，可见B式的实际构造应该是：

V(O)了#VP

这样，A、B两式的对立就只剩下有无分界[#]，因此我们可以把A、B两式概括为：

(A B)V(O)了(#)VP

即有[#]时为B式，无[#]时为A式。这个构造式很重要，它向我们透露了一个起先没有料到的重要信息，即不带"也"的"V(O)了"结构的出现，必须以另一个VP相随为条件。

用实例检验上述构造式，可以发现，这个构造式的确揭示了A、B两式的联系。事实上A式不过是B式的紧缩形式（连谓），而B式则是A式的复句形式罢了。比较：

A
有一僧吃粥了便辞师，师问……
困了浮在中心，死活不定。

B

师看经了，便去大雄山出世。

行得个四五十里困了，忽然见一池水，某甲拟欲入池。

现在再看C式。表面上C式和B式的差别只是有无语气词"也"，其实两类大不相同；与B式相反，C式的[#]是必须有的，而后边的VP却可有可无。因此C式可以改写为：

V（O）了也#（VP）

这就是说，（A B）概括式与C式是两种性质的句式，它们的对立不仅在于语气词"也"的有无，而且在于后续VP与前此成分的关系全不一样。

3.3 《祖堂集》里的（A B）式和C式两种句式反映的是九世纪的汉语。拿今天的北京话看，（A B）式除了宾语的位置由"V（O）了"变为"V了1（O）"之外，没有什么变化。例如：

|V(O)了(#)VP| → |V了1(O)(#)VP|

9　师 游西院 了　归山次,　　　师父 游了西院归山时,
8　四山 青　 了 又黄,　　　　四山 青了　　 又黄,
11　　过江 了,向行者云:　　　　过了江,向行者说:
15 洞山 受　 了,又展手云:　　 洞山 接了,　又伸手说:

　　C式除了宾语位置后移之外,还有两点重要的变化,一是"也"字消失,二是多出来一个与"了1"有别的"了2":

|V(O)了也(#)VP| → |V1(了1O)了2#(VP)|

22 你已是 受戒 了也,还听　　你已经 受了戒 了,还听
30 鬼使则 许　 了也,某甲　　鬼使是 许　 了,某甲…
23　　　吃饭 了也。　　　　　　　吃了饭 了。
24　早 说　 了也。　　　　　　早就 说　 了。

　　现代汉语的两种"了"字结构在形式上分承于(ＡＢ)式和Ｃ式,并且各自保留了这两类不同句式的特性。现代汉语"Ｖ了Ｏ"结构是粘着的,而(ＡＢ)式的"V(O)了"正是粘着的。现代汉语的"了2"只能处于句尾,有成句的作用,而C式也有这样的性质。由于形式的改变,在无宾语的情况下,"了1"与"了2"的位置重合了,但这两种句式的区别依然存在,这也就是为什么我们今天仍然可以分辨"了1"和"了2"的原因所在。(看朱德熙

《语法讲义》16.2。）

3.4 现在我们可以做一个小结。《祖堂集》里的"了"字依出现位置可分三类,但依语法性质,实际只是两类。这两类句式与今天现代汉语的两种"了"字句是严格对应的,而现代汉语的语气词"了"则来源于近代汉语的C式句。我们采用近代汉语的"了也"并合而成为现代汉语句尾"了2"的说法,不只是因为"了也"的语法位置与今天的"了2"相对应,而且可以很好地说明我们在上一节所揭示的句尾"了"和"也"的平行的音韵关系。"也"作为句尾语气词,轻读弱化,以至于跟前面的音节并合成一个音节,这在语音上是很自然的。

现在的问题是:(一)"了也"到了现代,在书面上为什么只留下了一个"了"字?(二)现代汉语的"V(了1 O)了2"结构里的"了1"是怎么来的?回答第一个问题不算太难。依说汉语的人写汉字的习惯,当语音形式已经并合为一个音节以后,就不太容易再坚持写两个汉字了,而在不另造新字的情况下,写法上就只能是省去虚语素而保留实语素。目前还不清楚这种现象起于何时。第二个问题牵涉到汉语谓词的性质以及述补结构的产生与发展,有待于深入研究。

四

4. 句尾"了"在其他北方方言里的表现

4.1 现在回过头来重新讨论"也"字的音韵问题,并借此进一步扩大和说明现代北方话中的一些句尾"了"的音韵形式。

用古今音演变的一般了解来说,清涧话的"也"[iɛ ～ ɛ],山西话的"也"[ia ～ a],都符合音韵发展的线索。但是用严格的语音演变规律来检验,清涧话跟大多数山西方言"也"字的音都不合常例。这大概是我们长期不能把近代汉语的"也"与方言口语形式联系在一起的重要原因之一。例如清涧话古麻韵精组、章组、喻以母字今音随古声母及文白读而分化:

	文读	白读	例字
精组	-i	-ia	借 tɕi / tɕia
章组	-ei	-ɑ	车 tʂʽei / tʂʽɑ
喻以母	-i	-ia	爷 i/ia　野 i/ia　夜 i/ia

"也"与"野"的中古音相同,无论读 [ɛ] 或 [iɛ],都不合乎清涧话语音演变的惯例。

4.2 官话方言有许多派别。不同派别的方言之间地位并不平等，在历史上也互有升沉。方言之间互相交际，就免不了互相渗透和影响。由于不同语言成分在交际中的功用及语法地位的差异，有的成分会先受到感染而改变，有的成分只在某项意义上或用法上分化，这就造成方言语音演变出现不合常规的现象。

4.3 从近代汉语的情况看，"也"字有多种语法作用，而出现的位置又不同（如语气词的定位后附，副词的定位前置等等），这就使它在语音上有了多种分化的可能。清涧话和山西几个方言的"也"字读音分化的情况如下表。表中交城"嘞"另有来历，交城元音 [ɑ] 唇略圆。

	单字音	副词	选择问小句之间（去也不去？）	句尾	了也
清涧	i	iɛ/ɛ	ɛ	ɛ	lɛ
霍县	iɛ	iɑ/ɑ	ɑ	ɑ	lɑ
文水	i	i	ɑ	–	liɑ
交城	iɛ	iɛ	嘞	iɑ	lɑ

可见这些方言"也"字读音的分化只在 [(i)ɑ - (i)ɛ - i] 三个层次上进行。从方言分派和语音层次的观念出发，不难了解这些方言"了"字读音分化的原因。清涧口语"也"字的音不合本方言文白两种读音的常规。但以山西

方言"也"字的读音为据,我们可以假设清涧的[iɛ～ɛ]是受了另一派方言的感染。请注意清涧的地理位置及省城西安、旧府治延安和北邻旧州治绥德"也"字均读[ie]的事实。

4.4 基于这种看法,我们可以把"了2"从"了也"而来的认识扩大到其他方言中去,即使它们的"了"和"也"不一定同韵。如包头单字"也"是[ie],句尾"也"是"呀",句尾"了"是"啦","啦"也来自"了也"。

再看河北昌黎、万全、怀安三处"了1"跟"了2"的音,昌黎说"吃liou饭lie",万全说"吃lau饭lie",怀安说"到lau家lia"。这[lie]或[lia]应当也是从"了也"而来。昌黎话不仅保存了助词"了"的[-i-]介音,而且给我们提供了语气词"了"读[lie]的形式。由此,我们还注意到远至山东济南和陕西西安的句尾"咧"的形式,以及北京口语的句尾"啦"[6]。

五

5. 新发现的《老乞大》里的句尾"了也"

5.1 1985年,我们以《现代汉语句尾"了"的来源》

为题，发表了本章前四节，说明现代汉语句尾语气词"了"来源于近代汉语的句尾"了也"的合音。那时候，我们的材料只限于两头：一头是南唐成书的白话文献《祖堂集》，一头是现代汉语方言。为什么曾经写"了也"，现在只写"了"，我们有一个猜测："依说汉语的人写汉字的习惯，当语音形式已经并合为一个音节以后，就不太容易再坚持写两个汉字了，而在不另造新字的情况下，写法上就只能是省去虚语素而保留实语素。"（本章3.4）

5.2 因为时间的跨度太大，又缺少过渡材料，人们将信将疑。我们也以为这就像现代书面上写"儿化"，有时候写出来，有时候丢掉；有人写出来，有人省去；就是坚持写出来的人也不免漏写。赵元任先生是无往不"儿"的，但也有漏写的时候；俞敏先生自觉用北京话写作，但也有不出儿化的时候。今人不能起古人于地下，活的声音是再也听不到了，这大概成了死无对证的无头案了。不承想天下竟然有这样的巧事，新近发现的元代《老乞大》，硬生生地把后代《老乞大》的句尾语气词"了"改写成了"了也"。（真是高兴得语无伦次了，应该说是后代的《老乞大》把元代《老乞大》的"了也"改写成了"了"。）立刻之间，有人追求的转变期的材料就赫然摆在了眼前，而且是同一本书的改写，断然不存在语气不同的问题。这真是一段学术史上的佳话。

我们把这些句子抄出来,请大家赏析。(前面是新发现的元刊本《老乞大》的句子,后面是通行本《翻译老乞大》的句子。)

1　早修起了也。　　　→　早修起了。
2　这马都饮了也。　　→　这马都饮了。
3　驼驮都打了也。　　→　驼驮都打了。
4　咱每饭也吃了也。　→　咱们饭也吃了。
5　牙税钱都算了也。　→　牙税钱都算了。
6　这个马悔交了也。　→　这个马悔了。
7　你都看了也。　　　→　你都看了。
8　这段子也买了也。　→　这段子也买了。
9　全买了也。　　　　→　都买了。
10　栏门盏儿都把了也。→　栏门盏儿都把了。
11　茶饭也饱了也。　　→　茶饭也饱了。
12　人叫唤有大了也。　→　人叫唤大了。
13　射歪了也。　　　　→　才射的歪了。
14　己赢了也。　　　　→　我赢了。
15　馒头馅儿里使了也。→　馒头馅儿里使了。
16　那宴席散了也。　　→　这筵席散了。
17　这钞都捡了也。　　→　这银子都看了。
18　行货都发落了也。　→　货物都发落了。
19　俺行货都卖了也。　→　我货物都卖了。

也有一些古今本相同的，如：

20 驼驮都打了也。　　＝＝＝＝＝　　驼驮都打了也。
21 那两个到来了也。　　＝＝＝＝＝　　那两个到来了也。
22 我觑了也。　　　　　＝＝＝＝＝　　我看了也。
23 其余的马契都写了也。＝＝＝＝＝　　其余的马契都写了也。
24 这段子买了也。　　　＝＝＝＝＝　　这段子买了也。
25 弓也买了也。　　　　＝＝＝＝＝　　弓也买了也。
26 这弓和弦都买了也。　＝＝＝＝＝　　这弓和弦都买了也。
27 这杂带都买了也。　　＝＝＝＝＝　　诸般的都买了也。
28 这些行货都买了也。　＝＝＝＝＝　　这些货物都买了也。

两相比较，改了的比不改的多。另外，改了的和不改的当中，有些句子是完全一样或者几乎一样的。这正好像今天写儿化，除非像赵先生、俞先生，一般的人都是写出来的少，略去的多。教过外国留学生的人大概都知道，在出不出儿化的问题上，现行的教科书没有一本是完全正确的——偏向也是省去的多，全出的少。

5.3 附带说一下：有人因为《老乞大》里有"如今朝廷一统天下，世间用着的是汉儿言语。"一句，认为是明朝的版本。其实，这个话在元朝也是可以说的。元代成书的《中原音韵》里就有这样的话："混一日久，四海同音,上自缙绅讲论治道,及国语翻译,国学教授言语,下至讼庭理民,莫非中原之音。"两句如出一辙,仿佛是为了互相作证而写的。这也算是一桩巧事。

附注

①清涧方言音系的一些重要特点可参看拙作《陕北清涧方言的文白异读》(《中国语文》1983年第1期)。

②近代汉语材料引用的文献是:《元曲选》,《元曲选外编》(中华书局),《董解元西厢记》(人民文学出版社),《金瓶梅词话》(古佚小说刊行会),《西厢记》(上海古籍出版社),《歧路灯》(中州书画社),《祖堂集》(日本京都中文出版社)。

③追记:原投稿采用的是竖式(分数式)比例式,编辑部大概为了节省篇幅,改为横式(冒号式)。虽然数学结果是一样的,但在表现语言层次间的平行关系上不如竖式直观。借这次出版改回原样。

④我们的调查利用了日本柳田圣山先生编的《祖堂集索引》(日本京都大学人文科学研究所出版)。

⑤《祖堂集》中有一例似与我们的分析不合。这一例是叙一僧在百丈和尚处吃饭:
其僧吃饭了便去。百丈上法堂,僧问:适来有一个僧未得吃饭,汝供养得摩?对曰:供养了。师曰:汝向后无量大福德人。

作为事后的申述句,《祖堂集》中有大量的类似句子,均作"V(O)了也"结构(可参看我们的C类引例),因疑此处有误。

另外,还有一例虽有VP相随,句法无误,但句子仍然可疑:
师向僧道:汝与我开田了,为汝说大义。僧云:开田了,请师说大义。师乃展开两手。

如果是僧在答话时,尚未开田,则此句合例,但第三句来得突兀;如果是已经开了田了,则此句应作"V(O)了也"结构,查《景德传灯录》,这一段文字作:

洪州百丈山惟政禅师,一日谓僧曰:汝与我开田了,我为汝说大义。僧开田了归,请师说大义,师乃展开两手。

如此,文气条贯,句式也合例,《祖堂集》原文似有衍脱或行文不周。

⑥追记:北京话口语的情况是马希文先生在1984年12月11日北大语法沙龙上提供的。据马先生讲,他们小时候说"下雨啦!下雨啦!"后来上了学,改说成"下雨了!下雨了!"。(马先生英年早逝,令人不胜叹惋,谨记此以寄哀思。)

参考文献

侯精一 1982：《平遥方言简志》，山西省社会科学研究所语言研究室编。
胡双宝 1981：文水话的若干语法现象，《语文研究》总第3辑。
梁伍镇 2000：论元代汉语《老乞大》的语言特点，《民族语文》第6期。
刘勋宁 1985：现代汉语句尾"了"的来源，《方言》第2期，又见《现代汉语研究》，北京语言文化大学出版社1998。
刘勋宁 1998：〈祖堂集〉"去"和"去也"方言证，《古汉语语法论集》，语文出版社。
乔全生 1983：洪洞话的"去、来"，《语文研究》总第8辑。
庆北大学校出版部 2000：古典丛书9《元代汉语本〈老乞大〉》。
田希诚 1981：临汾方言语法的几个特点，《语文研究》总第3辑。
王洪君 2000：山西方言的"也［ia］似的"，《语文研究》第3期。
竹越孝 2000：《旧本老乞大》の"了"と"也"，日本中国语学会关东支部例会发表提纲。

第5章 《祖堂集》"去"和"去也"方言证

0. 引言

刘坚等1992在《近代汉语虚词研究》一书（以下简称《近代》）中说（136页）：

> 明代的例子可能是助词"去"最后的残迹了，这以后，"去"就基本上从资料中消失了。现代汉语方言中情况尚不清楚，目前还没有见到确认其仍在使用的介绍。

本章先介绍陕北清涧话里的"去"和"去也"的使用情况，然后对《祖堂集》里的"去"和"去也"做进一步的分析。

一

1. 清涧话"去"字的两个口语读音

1.1 按音韵对应规则折合，清涧话的"去"应该读 [tsʻɥ˧]（=北京话的 qù）；按西北方言的一般情况类推（西北方言一般读齐齿呼，北京口语也有读齐齿呼的），清涧话的"去"应该读[tsʻɿ⌐]（＝北京话的qì）。不过，清涧话口语实际不读这些音，而是读一个入声的音[kʻəʔ⌐]（＝旧北京话的kè），并且有一个不送气音的变体[·kəʔ]。读送气音的例如：

（1）去！　[kʻəʔ⌐]
（2）我去哩。[⌐ŋɯ kʻəʔ⌐ ·li]
（3）去上一回。[kʻəʔ⌐ ·ʂɯ iəʔ⊇ ⊂xuai]

读不送气音的例如：

（4）吃去！　[tʂʻəʔ⌐ ·kəʔ]
（5）起去！　[⌐tsʻɿ ·kəʔ]
（6）回去了一回。[⊂xuai ·kəʔ ·lɔ iəʔ⊇ ⊂xuai]

1.2　读音的分别在于单说和做主要动词时是送气音，放在动词后是不送气音。所以，清涧话里的趋向补语"去"都是不送气音。下列趋向动词里的"去"都读不送气音。

（7）　上去　　下去　　前去　　后去
　　[ʂɯ⌐·kəʔ　xa⌐·kəʔ　⊂tɕʻi·kəʔ　xəu⌐·kəʔ]

里去　　出去　　过去　　起去　　回去
[⁻li·kəʔ　tṣʻuəʔ·kəʔ　kuˀ·kəʔ　⁻tsʻɿ·kəʔ　⊂xuai·kəʔ]

无论是送气音的"去",还是不送气音的"去",处在句末时都能带上语气词"也"[·ε]。带上"也"以后,"去"和"也"的音拼合在一起,例如:

(8) 你哪儿去也?　[⁻ŋ ⊂lar ⁻kʻε]
(9) 你回去也?　[⁻ŋ ⊂xuai ·kε]

二

2. "去"的助词用法

2.1　前面说的"去",意义和用法跟北京话类似,下面不再讨论。《近代》里说的是"去"的助词的用法,也就是放在动词之后,又不表示趋向的用法。清涧话不送气的"去"也有类似的用法,可以供我们比较。《近代》分《祖堂集》的助词"去"为"A将要、B将要(假设条件)、C完成(假设)、D完成"四种用法,A、B两种都在清涧话里出现。以下仿《近代》的例句举例(《近代》原例句见本章第4小节):

A 将要

(10)这龟子孙将来日儿捣烂圣像去也。

　　（这龟子孙，这家伙。将来日儿，日后。圣像，塑像）

(11)你把那做死去也。（那，他。做，打、整治）

(12)碾棍教那局折去也。（教，让。那，他。局折，窝折）

B 将要（假设条件）

(13)这价儿了断了籽种去也。

　　（这价儿了，这样的话。籽种，种子）

(14)那的个了学生不念书去也。（那的个了，那样的话）

(15)这价儿说了已终是死去也。

　　（这价儿说了，这样说的话。已终，已经）

2.2 以上举例都跟《近代》例句相应，只有例(15)需要讨论。与例(15)相应的《近代》举例是：

　　问："古人相见，目击道存。今时如何相见？"师云："如今不可更道目击道存。"学云："与摹则适来已是非次去也。"

《近代》指出："B组中情况较为特殊的是例10，句子中使用了'适来'（按：原文为"适才"）这一表示过去的时间词,'去'的作用似乎应当是指明事物已经发生了某种变化了。"并分析道:"在B组例句中,一般都是以条件句为现实基础,以'与摩则'联系的后一分句来推测事物的发展变化,无论后一分句中有甚么样的时间词语,它所描述的事态变化,都是在某种条件下将要发生的,所以,例10似也应当理解为'刚才就已经要'如何了,句子中的变化,仍是将要发生的。从上述理解出发,尽管把例10理解为事物已经发生了某种变化与我们概括的助词'去'的功能并不矛盾,但我们认为,例10还是作为表示事物将要发生变化为好。"从清涧话来说,例10是不能说的。如果考虑到设定一种条件,在此条件下,推断一个将要发生的事实,我们给出了例(15)。不过两者还是有一些区别的。《近代》例10的"非次"是已然之事,而清涧话例(15)的"死"只能是将然的事。所以,《祖堂集》和清涧话还是有一些差别的。

三

3. "也"和"去也"的区别

3.1 "也"是清涧话里目前仍在使用的一个语气词。(见第4章1.2)为了比较方便,这里每类选取3个例句:

(A)句尾——

你哪儿去也?

我山里去也。

什么时候又得见也? (得,能)

(B)呼语之后——

孩儿也,瞧你那容颜。

天也,远路风尘,捎这来来! (这来来,这么多)

儿也,你就这的个作事? (这的个,这样的)

(C)选择问句中前一个VP之后——

你吃也不?

应去也甯?

兀城里去过也没? (兀,他)

我们认为"也"表示的是"申明"语气(见第6章4.3)。

3.2 拿"也"和"去也"对比,可以看出"去也"的意义。

(16)你死也!

(17)你死去也!

(18)我跑也。

(19)那跑去也。(那,他)

(16)是说死是一个就要到来的事实,可以出现在这样的句子里:"你死也,你把钱儿把起做什麻哩!"(介词"把"读同轻声的"马";把起,把住;什麻,什么)(17)是一个假设,例如:"你死去也?吃了那来来药!"(那来来,那么多)"你死去也!"也是大人斥责小孩时常用的话(=北京话的"你找死啊!")。(18)是说将要做的一件事。(19)是说:犯人会逃走的,要留神。因为有这样的差别,每天都说:

(20)我山里去也。(=我下地去。清涧县的田一般都在山上。)

却不说:

(21)我山里去去也。(清涧话两个"去"不同形,不是同形相斥。)

常说:

(22)崖里跌下去去也!

却很难听到:

(23)崖里跌下也!

因为看着要从悬崖上摔下去,很难不是发出警告而居然是发表预见。

四

4.《祖堂集》"去也"意义的再归纳

4.1　现在我们再回过头来看《祖堂集》里"去"的语法意义。现在先看《近代》的分类和举例(130-131页):

A　将要

5. 大师云:"这阿师他后打破泥龛塑像去。"(祖堂集,1.159)

6. 苦哉!苦哉!石头一枝埋没去也。(同上,2.88)

7. 师曰:"不可教后人断绝去也。"(同上,4.132)

B　将要(假设条件)

8. 师又曰:"还知道不偿不受者摩?"对曰:"与摩则波不离水,水不离波去也。"(同上,2.26)

9. 鼓山到便问:"久向疏山,元来是若子大。"师云:"肉重千斤,智无铢两。"鼓山云:"与摩则学人不礼拜去也。"(同上,2.150)

10. 问:"古人相见,目击道存。今时如何相见?"师云:"如今不可更道目击道存。"学云:"与摩则适来已是非次去也。"(同上,4.7)

C 完成(假设)

11. 任你大悟去,也须淘汰。(同上,1.179)

12. 洞山曰:"任摩你和尚遍天下尽是舍利去,摠不如当时识取石室行者两句语。"(同上,2.31)

13. 直须决渗漏去,始得似他。(同上,4.129)

D 完成

14. 将饭与人吃,感恩则有分,为什摩却成不具眼去?(同上,1.166)

15. 庆放身作倒势,师云:"这个师僧患疯去也。"(同上,2.113)

16. "大德且道那个如来?"对曰:"到这里却迷去。"(同上,4.46)

4.2 《近代》把"去"字的用法分为四类,显然这并不是"去"的语法意义。"将要"和"完成"是对立的,它们不可能统一于同一个"去"。在讨论例10时《近代》

也曾说过,虽然句中用了"适来"一词,但仍认为"例10还是看作表示事物将要发生变化为好"。这说明,句子的分别本来就不在"过去"和"将来"。现在把A、B、C、D放在一起,我们可以看出,这些句子都是测度句。B与A的区别,在于B有一个假设连词"与摩则",也就是在设定的前提下,自然引出后面的情况。A类虽然没有连词,但所述的情况也并不是没有前提条件。这种条件就是眼前的现实。句子所述就是这种现实基础上的推论。C类实际上也是一种条件。仔细看就知道,这些条件都是一种极而言之的条件,多半根本不能实现。所以,这种条件下的情况也只是一种虚拟。只有D类在半实半虚之间,因为D类表示的情况都是对一种客观事实的主观感受。比如例15,我们今天也常说"这家伙疯了","疯了"不见得是真疯了。从A到D,实际都有一个共同的语法意义在支配,这就是对一种情况的虚拟。

如果我们把"虚拟"看作"去"的语法意义,我们就发现C、D类在清涧话里也不是完全不能说。例如:

(24)你就是个山神爷去来了也,也有个怕的哩。
(25)这孩儿疯去也。

这两句相当于普通话的:

> 你就是天神爷,也须有个心里害怕的。
> 这孩子要疯了。

头一句也是极而言之的一种假设,后一句是推测或者申斥,所言都不是事实。

所以,"去"字句所述事件不论是"完成"不"完成",都是说话人的一种假设、虚拟和推论。

五

5. "去也"和"了也"的平行

5.1 第4章我们说明现代汉语的句尾"了"是"了也"的合音。《近代》整理出近代汉语的助词"去",又让我们看到了清涧话的另一个合音"去也"。现在把"去也"和"了也"放在一起,我们就知道,这是平行的变化:

了＋也　　$lɔ + ɛ = lɛ$
去＋也　　$k'əʔ + ɛ = k'ɛ$

"了也"合音,由于"了"的韵母简省过甚,令人疑信参半,而"去也"的合音则是毋庸置疑的。"去"是一个还在使用的动词,"去也"存在着带"也"不带"也"两种形式的对立,并且动词"去＋也"在慢说的时候,还可以略为分开，如：

急读　我山里去也 [⁻ŋɯ ⸋sɛ ·li ⁻k'ɛ]
缓读　我山里去也 [⁻ŋɯ ⸋sɛ ·li k'əʔ⸌ ·ɛ]

所以，[k'ɛ]是"去"加上一个语气词，是当地农民也可以觉察得到的事实。

5.2　现在最令人感兴趣的是，唐宋时期的"去也"和"了也"为什么合并成了现在的一个句尾"了"。对比《祖堂集》、清涧话和现在的北京话，我们看到，清涧话是《祖堂集》到北京话之间的中介。清涧话保留了《祖堂集》的基本语法格局，"了也"和"去也"仍然对立，但部分句式已经不能用"去也"。北京话走得更远，部分推测句也可以用"了"来结尾。对比宋元白话，虽然有些复杂，但这个演变过程还是可以看得相当清楚的。

在说到现代汉语的"V（了１O）了２"结构里的"了１"是怎么来的的时候，我们曾经说过，这与"汉语谓词的性质以及述补结构的产生与发展"有关（第 4 章 3.4）。现在看了"去也"和"了也"以及"也"的关系，可以知道，这的确不是单个词的训释问题，而是与汉语语法结构的发展联系在一起的。这是一个背景更为广阔的问题。

六

6. "去也"在山西方言中的反映

6.1 关于山西方言里的"去也"的全面性介绍文章现在还没有见到。这里只介绍乔全生1983关于洪洞话的说明。该文说：洪洞话的"去"有五种读音：去1读 tɕʻia³³，去2读 tɕʻi³³，去3读 tɕʻi⁴²，去4读 tɕʻia，去5读 tɕʻi。作者最后指出：

"去"读 tɕʻi 是本音，读 tɕʻia 可能是"去呀"的合音。tɕʻi＋ia→tɕʻia。这种合音现象在洪洞方言中为数不少。它们的结构已成定型，是不能随便拆开的。tɕʻia 出现的位置，大多是不能用 tɕʻi·ia 替换的。

洪洞话的"去呀"和清涧话的"去也"是平行的。粘合在一起，不能随意拆开也是一样的。洪洞话的"去呀"可用于祈使句（作者还分出请求语气，这里看作同类），出现在句头上，如："tɕʻia，把兀一本书荷过来。"（去，把那一本书拿过来。）清涧话的"去也"不出现在祈使句中，只用于句末。洪洞话用于句末的是"去4"，读 tɕʻia。下面把祈使句之外的例句都抄在下面，可以看出语法意义也是一样的（序号是原文所有的）：

4.2 去4做趋向补语,在陈述、疑问句里,表示即将进行的行为。如:

①我家过tɕ'ia。(我们准备过那边去呀。)

②我和那家一始回tɕ'ia。(我和他们将一起回去。)

4.3 去4作表目的的语气助词,在疑问语气中可表示进行时态。第一,可出现于特指问句"动＋疑问代词＋去4呢"的结构里,表示现在进行时。如:

①你走哪里tɕ'ia呢?(你上哪儿去?——正在去。)

②你做啥tɕ'ia呢?(你干甚么去?——正在去。)

第二,如果动词后的宾语是定指的,还可出现于是非问句"动＋定指宾语＋tɕ'ia"的格式里表示现在进行时。如:

①你去自由市场上tɕ'ia?

(你往自由市场去吗?——正在去。)

②你家去地里tɕ'ia?

(你们往地里去吗?——正在去。)

4.4 去4作表目的的语气助词,在陈述句中单独用于句尾,表示一般将来时。如:

①你做啥去?—我看戏tɕ'ia。

(——看者准备去或正在去的路上。)

②过略年我到太原tɕ'ia。

(明年我上太原去。——打算去。)

参考文献

刘坚,江蓝生,白维国,曹广顺1992:《近代汉语虚词研究》,语文出版社。
刘勋宁1985:现代汉语句尾"了"的来源,《方言》第2期。
刘勋宁1990:现代汉语句尾"了"的语法意义及其与词尾"了"的联系,《世界汉语教学》第2期。
乔全生1983:洪洞话的"去""来",《语文研究》第3期。

第6章 现代汉语句尾"了"的语法意义及其与词尾"了"的联系

一

1. 两个"了"的分析困境

1.1 目前通行的关于句尾"了"(即一般所说的"了2")的意义的认识,可以拿《现代汉语词典》(以下简称《词典》)和《现代汉语八百词》(以下简称《八百词》)做代表。

《词典》684页"了"(·le)字注②:
> 用在句子的末尾或句中停顿的地方,表示变化,表示出现新的情况。

《八百词》314页"了"字条:
> [助]'了'有两个。……'了2'用在句末,主要肯定事态出现了变化或即将出现变化,有成句的作用。

很长一个时期,人们认为词尾"了"(即一般说的"了1")表示动作完成。从意义的表述上看,词尾"了"和句尾"了"不同,应该不难分辨。然而真正联系到实际的句子,不但语义分析会左支右绌,甚至连判定是哪一个"了"都不容易。下面我们就以《词典》关于两个"了"的语义说明及其所举例句为例进行分析,以见一般。

1.2 《词典》把两个"了"的意义各分成若干条来诠释,每条下举有若干例句。分条排列是经过考虑的,所以两个"了"的各条释义间形成对应,使我们能够很方便地一一对比。我们先看两个"了"的 a)项意义(只选其中一个例句):

了1 a)用于实际已经发生的动作或变化:
　　水位已经低了两米
了2 a)表示已经出现或将要出现某种情况:
　　春天了,桃花都开了

"动作或变化"很难不认为也是一种"情况",而"出现某种情况"也完全可以被看成是一种"动作或变化"。比如对照所举例句,我们就很难认为"低了两米"不是一种"情况",而"桃花开了"不是一种"变化"。事实上,许多语法著作就认为句尾"了"表示变化,前引的《词典》和《八百词》的释义中也有这样的意思。至于两条所用动词一为"发生",一为"出现",只是用词上的差别,并不是对立性的概念。所以两条之间真正算得上对立的就是"了2 a)"条有一个"将要","了1 a)"条中没有。

我们再看两个"了"的b)项意义：

了1 b)用于预期的或假设的动作：
他要知道了这个消息，一定也很高兴
了2 b)表示在某种条件之下出现某种情况：
你早来一天就见着他了

这两条意义的表述没有"了1 a)"和"了2 a)"之间那么平行，不过还是可以看出，二者也不对立。"了2 b)"所说"出现某种情况"是"在某种条件之下"的，就有可能是"预期的或假设的"（如所举例句，就既可以是事后的遗憾——某种条件之下出现的某种情况，也可以是事前的劝告——预期的或假设的动作），而且"某种条件"这样的限定也完全可以补进"了1 b)"中去。（比如，我们可以把"了1 b)"表述为"用于预期的或假设的以及某种条件之下的动作"，并且把第二个例句中的"条件"嫁接到第一个例句头上，成为"你早来一天，他要知道了这个消息，一定也很高兴"。）此外，有了b)项意义说明，我们在前面a)项比较中找到的唯一"对立"也就落空了，因为"预期的或假设的动作"常常就是"将要"发生的动作,上引"了1 b)"的例句就是一例。所以,"了1"并不排除所述事实是将要发生的事实。

分析表明,《词典》所述两个"了"的意义并不是对立的,至少我们不能从中提取出对立性的区别特征①。既然没有对立性的特征,也就很难有效地施之于实际的话语分析。

1.3 真正在区分两个"了"时起作用的还是它们的形式特征,即两个"了"出现的不同位置。许多人正是凭着这一点来分辨的。可是众所周知,两个"了"在位置上的分别不是绝对的。如果动词带"了"恰好处于句末,即停顿之前是"V了"的形式的话,我们就不知道,这个"了"应该看作词尾"了"还是句尾"了"。

1.4 随着研究的深入,带给我们的并不是两个"了"的关系日渐清楚,而是愈加纠缠。一方面分析两个"了"时各家所用概念互相交叉,另一方面原有的关于位置的认识也发生了动摇。这可以拿《实用现代汉语语法》(刘月华等1983)的论述为例。

一般认为"了2"总是位于停顿之前,可是该书认为"了2"可以位于某些表示引申意义的复合趋向补语之前。该书举例:

①群众的情绪渐渐平静了下来。
②村上的男女老少接过他们的行李,一边给他们烧水做饭,一边和他们亲切地谈了起来。

作者的理由是,前一个句子"是描写性的句子,不能用'了1'",后一个句子"表示出现了新情况——由未交谈到开始交谈,'了'不表示完成"。所以两句的"了"都是"了2"。

《实用现代汉语语法》还认为:用于某些形容词作谓语或结果补语的句子,这时这些形容词都表示不合某种标准,这个"了"也是"了2"。"了2"后可以加"(一)点儿"、"(一)些"等表示程度的补语。作者的例句有"这双鞋大了一点儿"。

1.5 所以,如果要找一句话来概括现有的关于两个"了"的研究成果的话,大概就是那句有名的"剪不断,理还乱"。

二

2. 历史与方言的考察

2.1 过去研究"了"的历史,一般是把古今书面上的"了"字先等同起来,然后考察其间的流变。这样做有时会把复杂的历史过程简单化。汉语虽然方言复杂,但书面语的统一力量极强。由于汉字本身的性质和特点,口语和书面语即使在提倡"我手写我口"的现代白话中也常有脱节的地方。比如北京话虚字"的、地、得"三字同音"·de",然而不仅书面上写作三个形体,就是读书、讲演、唱歌,甚至教学中,都有人分别读作"dè、dì、dé"。再如"了"字,不论是动词的"了"还是本书讨论的"了"都有人读作"liǎo"。因此,注意从口语实际出发来研究现代汉语是十分重要的。关于"了"的历史,我们采取从口语形式入手的办法,由现代方言中所表现出来的语音形式和语法功能两个方面向历史文献寻求对应。结果我们发现,与现代汉语句尾"了"相对应的实际是早期白话句尾位置上的"了+也"。考察结果详见第4章。这里只补充两个材料。

2.2(一)在第4章中我们指出,许多北方话的句尾"了"的语音形式与"了"字呈双声关系,与"也"字呈叠韵关系,例如:

    陕西西安 也 ie   了2 lie
    陕北清涧 也 iɛ/ɛ 了2 lɛ

山西文水	也	i/a	了2	lia
山西霍县	也	ia/a	了2	la
山东济南	也	ie	了2	lie

后来我们又看到山西祁县话：

| | 也 | i | 了2 | li |

这就进一步肯定了我们在第4章4.3所提出的山西方言麻韵三等的三个音变层面：

$$(i)a \rightarrow (i)\varepsilon \rightarrow i$$

从而使我们更加相信，已经有很长的时间里，"也"是和"了"粘附在一起，共同经历了音韵上的许多音变过程。

2.3（二）第4章只考察了南唐文献《祖堂集》。那是因为《祖堂集》年代比较早，而且有日本出的索引。至于发现文献中两种"了"字句式（Ⅰ：V（O）了（#）VP；Ⅱ：V（O）了也#（VP））与现代汉语的两种"了"字结构不仅在语义上而且在结构性能上都严格对应（Ⅱ式共出现42次,无一例与今不合;I式出现77次,仅一例似应与今句尾"了"对应),完全是偶然的。后来看到潘维桂·杨天戈1980全面考察"了"字历史的文章,许多现象和看法与我们不期而同。潘·杨文章中指出:"了"字用于句末,在敦煌变文和《景德传灯录》中,主要是"了也"连用这种形式,既表示事态的完成,又表示陈述语气。曹广顺1987也指出:这个时期用于句末的"动(+宾)+了"也还比较少见,在《敦煌变文集》、《祖堂集》等资料中,当这个结构用于句末时,一般都要加上语气词"也"来结句。同样的现象能在许多文献中看到,这自然是令人高兴的。

有了关于句尾"了"来源的新看法,我们就可以分别考察"了"与"也"在近代汉语中的意义,以期对句尾"了"有一个切近的认识。

三

3. "了"的意义转移

3.1 近代汉语的"了"是从古代表示"终了"意义的"了"(《广雅·释诂》:"了,讫也。")来的,这大概没有问题。(参见王力《汉语史稿》中册第37节,太田辰夫《中国语历史文法》§16.6.2)。到了近代白话里,"了"不仅可以做谓语动词,还可以置于动词之后充任补语,分布范围也不断扩大;特别是唐宋之交,一个显著的变化是做"补语"的"了"的位置由宾语之后提到了宾语之前。"了"在分布上的这些变化引人注目,也就成为人们研究的热点。可是另外一方面,由于古代的"了"表示"终了"、"完了",现代的词尾"了"又被视为表示完成,以致"了"在分布上的变化所引起的意义转移却被人们忽视了②。

3.2 在《祖堂集》里,"了"仍居于宾语之后,但意义已经明显开始转移。下面引一些例子来看。

(1)有时说法了,大众下堂次,师召大众,大众回首,师曰:
(2)师游西院了归山次,问泯典座:二世诸佛在什摩处?
(3)师又才开门了,便东觑西觑。
(4)师过锹子与隐峰,隐峰接锹子了,怕,不敢下手。
(5)道吾闻此语,当夜便发。明朝到山下村院,得见师兄,说药山语了,相共转来。
(6)师云:亦不知多少年,只见四山青了又黄,青了又黄,如是可计三十余度。
(7)树下坐,忽底睡著,觉了却归院。
(8)蚁子在水中绕转两三匝,困了浮在中心,死活不定。

这个时候"了"的使用范围已经扩大,不仅可以出现在动词性词组之后,还可以出现在形容词之后,而且意义的跨度也是相当大的。(1)(2)两例里的"了"字还可以看成表示动作"完了",而其他诸例就颇值得玩味了。(3)(4)(5)(6)诸例的"了"虽然不无"终了""完了"的意思,但从上下文可以体会得出,它们所表示的意义重心并不在动作本身的"结束"。最有启示意义的是后两例,"了"用于状态词之后,已经无法认为是表示词本身所代表的状态的"完了"。类似的变化在"了"用于句末时更为明显:

(9)和尚云:送师兄去来?对曰:送了也。
(10)鬼使去后,寺主商量,这个事鬼使则许了也,某甲一日作摩生修行?无可计。
(11)云岩问一句子如何言说,师曰:非言说。道吾曰:早说了也。
(12)师云:彼中已有人占了也。岩云:汝更去作什摩?
(13)汝行脚人,入门便识得汝了也。
(14)东西四畔并属你了也,唯有中心一树由属我在。
(15)前头则有如次第了也,然虽如此,不息众人疑。
(16)一问二问三问,尽有人了也。

后面几例,"了"与"识得"、"属"、"有"等字结合,如果说是表示这种心理状态或这种归属关系、拥有关系的终结，就实在大谬不然了。我们常说"了"字虚化，从这些实例看，毋宁说是"了"字前的谓词性成分"虚化"（泛化）。由具体的动作到抽象的心理感受、由可以延展重复的动作过程到非此即彼的某种属性和关系，正是这种"了"的分布范围的不断扩大引起了"了"的语法意义的逐步转移。

3.3 差不多同时期的《敦煌卷子》也有类似的反映。这里也引潘维桂·杨天戈1980的论述为证：

> "了"字保留着部分实义，但词义已有某些变化。请看例句：悟了还同佛境界，迷时依旧却成魔。（变文432）天龙闻了称希有，并听时赞吉祥。（变文502）白玉生前为得人，黄金死了难相闻。（变文665）……这种用法，说明"了"字在当时还大体具备实词的地位，不过词义已有所变化，转化为一个时间词。原来表示动作完毕，现在表示动作之后，尤其是第三例"生前"对"死了"，意义更为明显。

3.4 本书第1章揭示了把现代汉语词尾"了"看作表示"完成"的种种矛盾，说明"了"的语法意义不可能是表示动作的结束。确切地说，它的意义应当是表示谓词所指处于事实的状态下（我们用"实现"一词来概括）。

"了"字之所以能够由"终了"义变为表示动作或状态成为事实，道理也很简单。因为事物都是在时间和空间上展开的。前后相继，左右相接，一个过程的结束就意味着另一个过程的开始，相对于后一个过程来说，前一个过程就成为事实。所以由附在VP之后表示动作的完结到表示动作成为事实是很自然的发展过程。现在我们看《祖堂集》的例子就可以知道，从一开始，"了"字的使用范围逐渐扩大，意义逐渐"虚化"，其转移方向就是从"完成"义逐步走向表示谓词所指处于事实的状态下。

四

4. 近代白话语气词"也"的意义

4.1 近代白话语气词"也"的出现范围相当宽泛，诸如判断句、叙述句和呼语之后（孩儿也！）、反复问句之间（去也不去？）以及其他一些句式之后。这里面有古代汉语的遗留问题，也有新旧交替中的过渡问题，还有一些属于书面语的表达习惯。总的说来，早期白话的使用范围宽，晚期逐渐缩小。要全面考察语气词"也"的变化，需要有专篇论文。本文只讨论粘附于叙述句之后的"也"字。下面看一些近代汉语的例子。

(17)从汝向后,更有五人相继不绝也。(《祖堂集》卷三)
(18)我八百岁时,到此中偷桃吃了;至今二万七千岁,不曾来也。(《大唐三藏取经诗话》第十一)
(19)他见是我的书呈,必然收留您子母二人也。(《元曲选外编·刘弘嫁婢》)
(20)凭着您孩儿素日所学,必得高官也。(《元曲选外编·陈母教子》)
(21)你们自在耍耍,我们去也。(《金瓶梅》第一回)

"也"的类似用法至今还保存在现代方言中,如陕北清涧话:

(22)今儿我忙者哩,明儿我来也。
(23)呀,这回罢了,不晓得什么时节儿再见也。
(24)你山里去了,你爹准定说你也。
(25)你每(你们)坐者,我先回也。

这些句了都是叙述句。与一般叙述句不同的是后面粘附了一个"也"字,特别地传达了一种"申明"的语气。

4.2 "也"还可以出现在由"了"煞尾的叙述句之后,例如:

(26) 师乃曰:"我有一句子待特牛(公牛)生儿即为汝说。"僧曰:"特牛生儿了也,只是和尚不说。"(《祖堂集》卷四)
(27) 被百姓唤作贼臣,已撕辦了也。(《三朝北盟会编》)
(28) 太原府里石壁寺有的安僧录根底,执把圣旨与了也。(《交城玄中寺圣旨碑》)
(29) 自从昨夜花园中吃了这一场气,投著旧症候,眼见得休了也。(《元曲选外编·西厢记》)

由"了"构成的句子只是叙述句的一种,"也"的作用与叙述句后的"也"是一致的,传达的也是"申明"语气。

4.3 语气词是汉语中作用十分重要的一类词。它的使用关涉到对话双方的关系和说话人对所涉及事物的主观态度。 在移植到书面上以后,由于表达方式的改变,这种关系和态度就会变得暧昧甚至被掩蔽起来,从而给我们准确领会语气词的作用带来困难。对于已经成为历史的语言系统就更增加了一层隔膜。不过,事有凑巧,《祖堂集》里有三个可资比较的句子,可以让我们看出"也"字的重要作用。三例如下:

(30) 洞山初到南源，便上法堂次，师才望见洞山，便云："已相见了也，不用更上来。"洞山便归堂。又去和尚处便问："适来道已相见了也，什么处是与某甲相见处？"师云："心心不间断，流入于性海。"

(31) 仰山受戒后，再到相见。才入法堂，师便云："已相见了也，不用更上来。"对云："与摩相见，莫不当摩？"师便入法堂，闭却门。

(32) 大彦上座初参见师，师在门前芸草次，……便被师与三掴。后具威仪，始欲上法堂，师云："已相见了，不要上来"。彦便转。到来朝吃粥了，又上，始跨方丈门，师便透下床，拦胸一擒云："速道！速道！"无对，被师推出。

前两例是说和尚参见禅师，禅师不见，却申明双方已经见过了。这是禅师的诳言，目的是要晓喻禅机（如第一例"心心不间断，流入于性海"），所以令闻者莫名其妙。后一例只是一般性叙述：第一次参见，师与三掴；第二次参见，禅师认为不须二次相见；于是又有了第三次参见。两种背景，两种语气，"也"字的作用表现得活龙活现。有人分析近代白话的这种"也"字句，仅仅把它称为叙述句，实在不能传神。

所以，我们以为，"也"在近代白话中传递的是一种

"申明"的语气;这种"也"字句我们可以称之为"申述句"③。

五

5. 句尾"了"与词尾"了"的联系

5.1 现在我们回过头来讨论现代汉语的问题。

本章一开始,我们概述了现代汉语"了"字分析的现状。我们看到,虽然大家刻意求异,也不能把两个"了"干脆利落地分开。其实只要看一些极平常的事实就可以知道,两个"了"之间有着深刻的联系。下面的对话是日常就可以听到见到的:

——我吃了。
——吃了什么?

——你去了?
——不但去了,还去了好几回呢!

——蚂蚱死了。
——死了个蚂蚱有什么可大惊小怪的!

前句里的"了"是语气词,对句里的"了"是词尾,但是很明显，两者之间有关系——有一种语义上的承接关系。

5.2 历史考察告诉我们，两个"了"之间有一部分是同源的。语言史研究，普遍注意的是成分的增减或者词的兴替。其实语言的变化，不仅表现为结构项（item）本身的发生、发展和转化，而且还表现为结构关系的改变以及由此引起的衍生与消亡、分化与合并。离了这后一方面的变化，那就是一种机械的、"搭积木"式的变化。古代表示"终了"意义的"了"到了近代白话中，分布起了变化。"了"不仅可以做谓语动词，还可以充任补语成分；并且由于补语成分所处位置的不同，产生了句式的对立。这就导致了后来的"了"的分化。由句式而引起对立，由分布而引起分化，这是一种内在的、有机的演变方式。两个"了"既然有了这样的历史渊源，也就难怪它们今天既相区别又相联系了。

5.3 《八百词》对句尾"了"的定义是："用在句末，主要肯定事态出现了变化或即将出现变化，有成句的作用。"现在可以明白，所谓"肯定"，所谓"成句的作用"，正是原来"也"的功能。作为语气词，"也"只能位于句末，所以有成句的作用；"也"用于陈述句后表示"申明"的语气，所以包含了对事实（不论是肯定性事实还是否定性事实）的肯定态度。至于定义中余下的"事态出现了变化或即将出现变化"显见得是原"了"字的作用。

5.4 前面说过，语气词的使用关涉到对话双方的关系和说话人对所涉及事物的主观态度。说话是为了传递信息，而"信息是指接收者事先不知道的消息"（邢公畹1988）。"了"用于叙述句之后，因而表示的是一种事态。这种事态从传递信息的角度来说，应当是听话人不知道，或者听话人知道而说话人以为听话人不知道的事态。在句尾"了"的语义表述中，大家都离不开"出现"、"发生"、"变化"这类字眼，就是因为"了"字句所表示的是一个与已知不同的新"信息"。关于句尾"了"的意义，最通行的说法是"表示新情况的出现"。这里的"新"如果理解为时间上刚刚发生的事则是误会。我们可以指着窗外的现实说："唉，下雨了！"也可以回忆着遥远的往事说："我们祖上阔多了。"还可以因古老而骄傲地说："周口店猿人在五十万年前就知道用火了。"所以，不论是"事态出现了变化"，还是"新情况的出现"，其实就是一件对方不知道，或者说与对方已知不同的事实（一个"新"的信息）。句尾"了"的作用就在于申明这种新事态、新情况。

六

6. 小结

6.1 现代汉语中两个"了"字同形,因而"了"的研究走过了一条由合而分的道路。近年来又有许多学者鉴于两个"了"之间的纠缠关系,指出其间的不可分性④。现在我们知道了两个"了"的各自来源,就可以明白它们之间实际上是同中有异,异中有同。所以,我们仍然主张"了"字从分,不过,这种从分已经建立在新的分析基础上了,即:

一、历史上的"了"从虚化开始,就由词汇意义向语法意义转移,也即由"终了"义逐步转为表示动作或状态成为事实。今天的词尾"了"的语法意义正是这转变后的意义。

二、近代白话的句尾"也"是申述语气词。当它和句尾的"了"融合之后,就成为专门用以申述事实的语气词。

三、两个"了"虽然都与"事实"有关,但是词尾"了"只在句子结构内部起作用,它表明的只是谓词本身的一种情状。而句尾"了"不同,它是加在整个谓语上的,表明一个事件所处的状态。另外,作为语气词,它联系着交际双方的关系,表明对听话人来说,这是一个新的信息,新的情况。

6.2 有了这样的认识,我们在区分两个"了"时的某些疑虑就可以打消了。《实用现代汉语语法》把一部分普通认为是"了1"的句子归入了"了2",这虽然反映了"了1"和"了2"的某种联系,但并不合适。我们可以重新比较原书比较过的两个例句:

群众的情绪渐渐平静了下来
群众的情绪渐渐平静下来了

应当说,两个句子还是不一样的。"平静了下来"是一般性叙述(一般来说,这种句子不能自足,一定要有前后的语境照应),而"平静下来了"是有申述语气在内的(与上句不同,这是一个自足的句子)。

有的学者还指出,句尾"了"不像一个语气词,因为它可以改变句子的意义。(陈贤纯1979)现在也可以明白,这是由融合在其中的历史上的那个"了"在起作用。

附注
①工作做得越细致越具体,就越容易给人留下挑剔的机会。这样,学术才能进步。所以我们并不认为那些使用了对立概念而不做具体分析的著作比《词典》更好。事实上,《词典》给我们提供了分析解剖的基础,才使我们有了深究的可能。
②普通只谈到"了"的意义"虚化"为止。语法上的"虚化"和音韵学上的"一声之转"一样,内容是相当空泛的。由于其空泛,可以表示一些模糊的事实,但也由于其空泛,常常抹杀了演变过程的方向性和确定性。
③关于申述句和一般叙述句的区别以及申述句在汉语句子构成中的地位,我们另

文讨论见本书附录1第4节（203页）。
④见《中国语文》1988年第4期报道《第五次现代汉语语法学术讨论会在京举行》。

参考文献

曹广顺1987：语气词"了"源流浅说，《语文研究》第2期。
陈贤纯1979：句末"了"是语气助词吗？，《语言教学与研究》第1期。
刘　坚1985：《近代汉语读本》，上海教育出版社。
刘勋宁1985：现代汉语句尾"了"的来源，《方言》第1期。
刘勋宁1988：现代汉语词尾"了"的语法意义，《中国语文》第5期。
潘维佳・杨天戈1980：魏晋南北朝时期"了"字的用法，敦煌变文和〈景德传灯录〉中"了"字的用法，两文并载《语言论集》第1辑，中国人民大学出版社。
沈开木1987："了2"的探索，《语言教学与研究》第2期。
邢公畹1988：信息论和语言科学及文艺科学，《语言研究论丛》第五辑，南开大学出版社。

第7章 现代汉语句尾"了"的语法意义及其解说

0. 引言

关于现代汉语句尾"了"的语法意义,目前通行的解释是表示"变化"或者"出现新的情况"。这在教学上是十分有效的。比如,我们可以指着窗外,向学生说明:刚才不下雨,现在下雨了,所以我们说"瞧,下雨了!"如果某人刚才在这里,现在不在了,我们可以对找他的人说"对不起,他走了。"我自己也常常用这样的办法说明形容词带"了":拿一把可以旋转上升的椅子,边旋转边说"高了,高了,高了。"然后再放低,说"低了,低了,低了。"

不过,有时候会被学生质问:"老师,我昨晚上看电视了,这个'了'怎么表示变化呀?""太+形容词+了",很多学者都指出不表示变化,因而有人认为是另外一个"了"。至于在吃饭前说"吃饭了,吃饭了",一直为人质疑,既不是完成,也不是变化。所以有人把这些"了"离析为"了3""了4""了5"。

那么,这些"了"到底是不同的"了",还是同一个"了"呢?我们试图寻求统一的解释。

一

1. "了"与"变化"

1.1 如果我们把"了"定义为"表示变化",随之而来的问题是:是"了"本身表示变化,还是和什么东西一起表示变化?如果说"了"本身表示变化,那就要说明"了"和它前面的成分是什么关系。这在我们现在知道的语法关系里很难得到说明。如果说是附着在前面的成分上一起表示变化,则应当是:

> 花红了。"红"发生变化,其结果是不红。
> 他走了。"走"发生变化,其结果是不走或者没走。
> 下雨了。"下雨"发生变化,其结果是不下雨或者没下雨。

可是事实恰恰相反,"花红了"是花由"不红"到"红"。"他走了"是由"没走"到"走"。"下雨了"是由"不下雨"到"下雨"。也就是说"了"所表示的变化,并不是它前面的动词或者形容词所指示的状态发生变化,而是变到了动词或者形容词所指示的状态。就好像"我们到美国了。""美国"是动作后的新境界,不是动作前的旧境界。"变"是旧境界在变,而句子给我们的则是变化后的新境界。

那么,"变化"的意义是从哪里来的呢?

从本章引言的课堂教学实例,我们可以看到一个明白的事实:都有一个背景的说明。刚才不下雨,现在下雨了——我们才能说"瞧,下雨了!"某人刚才在这里,现在不在了——我们才能说"他走了。"句子确实表达了一种情况的"变化",而这个变化是由背景状态和当前状态的对比决定的。

1.2 关于这一点,在否定句中可以看得更加清楚。先看例句:

> 我不去华盛顿了。
> 我不工作了。
> 我不再结婚了。
> 不下雨了。

否定句必须有个前提,这就是听话人原来知道一个与此句相反的情况。比如听话人原来知道说话人要去华盛顿,不知道说话人已经改变计划,所以说话人告诉听话人这个新情况。如果听话人本来就不知道说话人要去华盛顿,说话人也就没必要告诉听话人这个新情况。一定要告诉,也要从头讲起:"我本来打算去华盛顿,发现口袋里没钱了,我不去华盛顿了。"听话人的这种已知,不必是最近的情况。比如说话人很早以前有工作,后来很长时间没有工作了。可是听话人不知道情况改变,说话人就需要告诉听话人"我不工作了。"如果听话人已经知道这个改变,听话人就会说"我已经知道了。"或者"你已经告诉过我了,这是第二遍了。"(这自然是厌烦的表示了。)有时候是一种常识,一般人们据常识推断。这时候出现反常情况,说话人就需要针对这种常识说明新情况。比如多数人离婚后还是会再结婚的,如果反常,就需要特殊说明"我不再结婚了。"假设法律规定每个人只能结一次婚的话,离婚了也就没人再说这句话了——因为那样,这句话就成了不可思议的了。比较特殊的是,有时候虽然不见得听话人不知道,可是作为一种提醒,类似于对不知情者说话。比如,两人同时进入下雨的状态,也同时知道雨停了,但为了引起一个新的行动,其中一人也可以首先发出"不下雨了,我们可以走了"的说法。这时候虽然听话人不见得不知道"雨停了",但刚才是下雨的,现在是新情况,说话人可以按听话人还没有发现来处理。如果是走了一段才说:"不下雨了!"这一定是一位把手表煮到锅里而懵然无知的"牛顿"。不过,"不下雨了"这个情况对发话人的旧知来说,还是新的。我们可以想像,如果走过来一个陌生人对你说:"我要去城里,怎么走?"这是正常的。如果有人走过来说"我不去海边了,去城里怎么走?"如果不被理解为遇到疯子,引起恐惧的话,至少前半句话是多余的。

由上所述可以看出,听话人的已知可以是各种情况。但是"了"字句的使用必须有一个背景,这就是原来知道一个情况,而现在要有一个与之不同的新情况。这种"变化"的理解,就来自于这种前后不同状态的对比。

1.3 从认知的角度来看,"了"字句不显示前状态,只显示后状态是很合理的。世界上的物像虽然有非此即彼的简单对立型物像,如"有无",而更多的却是非此不一定即彼的多值对立型物像。因此,在很多情况下,我们只能知道当前状态,却不能确切知道前状态。比如"大家都到美国了",我们只知道现在大家在美国,知道大家是新来的,至于现在之前在哪里我们并不知道。"下雨了!"我们也许并不知道下雨前是大晴天,还是铅云低垂。假设你刚从飞机上走下来,向接你的人说:"哟,下雨了!"接人的人也许会对你说:"下了好几天了!"所以对说话人来说,常常只知道当前状态,并不知道前状态。只出示变化后的当前状态,而不出示它的前状态,恰恰是一种最经济而又恰当的表现形式。

二

2. "了"与"新情况"

2.1 关于句尾"了"的语法意义,许多语法书也采用"表示出现新情况"的说法而不用"表示变化"的说法,就是因为看到了这种句子在字面上只显示新情况,不显示旧情况的语言事实。不过,"新情况"的说法常常带来误解。一般的教科书或者课堂教学,就像我们一开始举例的那样,指着一个眼前的现实向学生举例。于是就留下了一个印象,似乎"了"表示了一件刚刚发生的事。这又是把环境的知识带入了语法分析。我们只要多看一些例句就知道,"了"字句表示的并不限于眼前的情况:

> 我昨天去城里了。
> 我去年回老家了。
> 我25年前就到山东了。
> 我一生下来就成了没有父母的孤儿了。

这些句子都是很正常的,并不是什么特例。(参见本书第6章5.4)

2.2 现在我们还要引入一个"言有所为"的观点。

我们说一句话，表达一个意见，目的都是为了引起一个行动。（说废话，是派生性的——而且说话者多半不以为自己是在说废话①。）所以，我们无事不说话，说话就必有"用心"。除了课堂上或者书本里不得不说一些诸如"周口店猿人在五十万年前就知道用火了"、"宋代就有资本主义的萌芽了"之类的历史故事之外，多数人在多数时候还是要说当前的事，以期引起一个现实的行动。所以在日常生活中遇到的句子大量的还是"新情况"。

2.3　此外，作为说话的合作原则，当我们告诉一个人一个信息的时候，这个信息要求是新的，是与对方已知不同的。如果相同，就会引起与说话人初衷不同的效果，比如"啰嗦""无知""小看别人"等不快感。如果不是讲历史故事，而是日常生活，时间过久的情况听话人完全有可能知道，话就可能成为多余的。因此无论是向别人说明，还是向别人打听，对时间间隔较久的事情都需要特别注意。比如有个学者问我："马建忠死了吗？"虽然"人不知而不愠"，我还是相当不舒服的。所以在说这种非当前情况的时候，常常需要特别的提示。比如说，"对不起，是不是……""我听说……""我不知道，……"之类。因此，常见的对话，也多半是一种新情况——时间上刚刚发生的情况。所以，把"新情况"的"新"理解为时间上的刚刚发生，符合日常生活的大多数情况，但这只是一种概率上的巧合。

2.4　综上所述，我们在教学中用"变化"的说法，用"新情况"的说法，都是一种方便的说法。从谈话交际（communication）的角度来看，"了"表示的只是本句所说是一个听话人前所未知的新事态（a new state of affairs）。"新情况"和"变化"的意义是在"言有所为"的要求下产生的："新情况"是"言有所为"的使用频率造成的，"变化"是由发话的"新知"和"旧知"的对比造成的。

三

3. "太＋形容词＋了"

3.1　"了"也能加在形容词上表示一个前所未知的新状态，如我们在前面举的例子："高了，高了，高了""低了，低了，低了"。"形容词＋了"用来表示一种新状态，对比单个的形容词，最能看出这一点。

这件衣服长。
这件衣服长了。

"这件衣服长"，只是这件衣服的属性，例如"这件衣服长，我喜欢。"如果说成"这件衣服长了",则是超过了比较的标准,如"这件衣服长了,穿着不合身。"那么很简单,"太+形容词+了",则表示了过分地超过标准:"我虽然喜欢长的,可这件也未免太长了。"

再举几个例子:

> 太红了,我这把年纪已经不合适了。
> 太多了,都溢出来了。
> 太旧了,没人要了。
> 太贵了,你也不能这么黑着心赚钱。

这些句子和简单的"形容词"带"了"并没有什么特别的差别,有的只是有没有"太"的差别——过分地超过标准。一个最简单的检验办法,就是把"太"字去除,这些句子照样成立。我们既然不能把形容词后的"了"独立出去,怎么能把"太+形容词"后面的"了"独立出去呢。常有著作认为"太+形容词+了"的意义是"主观的",所以和一般的动词句尾的"了"不同。其实,这也可以看作是"客观的":"太红了,就是太红了;这么红,任谁也得说是太红了。""太多了,都已经溢出来了,还能说不太多吗?"之所以被看成"主观的"的原因在于这种句子表达的是对一种"程度"的认识,而不是对一件事情的"陈述"。由于对"程度"的认识标准往往因人而异,所以给人留下了"主观"的印象。事实上，对一件事情的"陈述"也可能是主观的。只是一般的事件人们只在"有无（真假）"上判断，不像"程度"那样言人人殊②。

3.2 我们现在要特别提出来一说的是，一般的形容词加"太"有"过分"的意思，可是有时候没有这层意思。例如"太好了"，只是赞扬程度高，不含"过分"的意思。因而也有人以为这里的"了"是另外一个。但是，这样分是分不胜分的。我们看一看实际情况。刘元满1998指出：

> 2.1 表示程度过分，多用于不满、不喜欢，"太"修饰的是消极意义的词：
> 这话太伤人（了）。
> 价钱太贵（了），买不起。
> 公共汽车太挤（了），坐出租汽车吧。
> 我死后不要张罗什么追悼会，真的不要让人死得太累，走得太麻烦。（绍六《遗嘱》）
> 唉，这些年，他变得太多了。
> 其实一个女人用不着要求太多了，生活舒适就行。（王朔《浮出海面》）
> …………
> 2.2 表示程度极高，多用于赞叹，"太"修饰的

是积极意义的词:

这办法太好了。

天安门太雄伟了。

你来得太及时了。

是吗?那一定是一个好姑娘,太让人羡慕了。(王朔《浮出海面》)

妈妈没有生病,妈妈太想念太惦记我们了,我告诉她我们都很好,她就放心了。(梁晓声《这是一片神奇的土地》)

…………

该文分类和通行的分类有所不同。例如2.1的"多"大家都是放在"积极"类里的,不算消极意义的词。可见用词义的分类管不住。2.2指出用于赞叹的是"积极意义的词"则是情理中的事。说好听的不用积极意义的词,难道还能用消极意义的词吗?(其实有时候也可以用"消极"意义的词,只是太不常见了,我们也不再举例。)

这些不同并不是因为"了"的意义有两类,而是它的语用场合不同。"不满"的时候是"过分","赞叹"的时候就不过分了。不过"太"如果没有它的"过分"义做基础,也就不会用于"赞叹"了。

3.3 那么,为什么用于"赞叹"就没有了"过分"的意思了呢?这也需要说说认知上的原因。人并不是一架纯理性的"机器"。赞扬的话,越听越想听,批评的话一句就嫌多;批评的话,怎么轻也嫌重,赞扬的话,怎么重也嫌不够。由于这一点,我们就知道,为什么"太好了"一类的说法,总是没有"过分"的意思。"人心不足蛇吞象",好了还要好,越好越好,所以"好"才没有"过分"的意思。

既然没有"过分"的意思不是"太"字句本身而是因为语用的结果,那么也就是说,换一种场合,它的意义就可能改变。"太好了"常用于对别人,对他事的称颂,所以才没有"过分"的意思。如果把对象换成"我",就有可能是"过分"的意思:"我对他太好了,才得到这样的报应。"再如"马善被人骑,人善被人欺,人不能太好了。""人太好了是要吃亏的。"不都是"过分"的意思吗!只是这种委屈埋怨的场合和正面赞扬的场合相比,到底太少见了,我们才误会为"太好了"没有过分的意思。

"太漂亮了"和"太好了"一样,在大多数的场合没有过分的意思,那是因为"漂亮"没止境,虽然自知赞扬过分,到底美滋滋的。只有在少见的场合,才会有过分的意思,比如"太漂亮了找不着对象。"

"太年轻了。""年轻"是一种资本,可有时候又是没有资本的象征。所以我们可以用于高度赞扬，也可以表示不合标准。"太年轻了，刷掉。"——年轻人常见的遭遇。

"太高兴了"似乎总是好的，可有时候也不一定："太高兴了没好事"。

也许只有"太及时了"（再加上"太恰当了"）总是正面的意思。为什么？因为及时是恰好的意思，不"过分"也不"不及"，点无大小，越强调就越是巴到那个"点"上下不来了，没辙。

从以上分析来看，大概的区别在于，如果是一件希望的事，而且可以无限度地好的事，则加"太"是一种赞赏，没有过分的意思。如果不是可以无限度地好的事，而且有一个公认的标准，则超过标准就不是赞美，而是一种批评，自然就有了"过分"的意思。

3.4 那么"太+形容词+了"为什么会失去"表示变化"的性质呢？这是因为"太"字句比较的对象不是其自身的前状态变到后状态，而是同类事物之间的比较。别的同类事物只是合乎标准，而被提及的事物则是出乎标准。有时候好像是同一事物的前后比较，如"这回可太好了"，其实还是分散开看的。英语的"best"不是要加定冠词吗！如果把一个事物的前后的不同看成是时间上的差的话，这里的比较就转成空间上的比较了，于是也就失去了发生

"变化"的感觉。不过"对比"还是存在的，因为如果没有对比做基础的话，"太+形容词+了"也就没有赞扬或者批评的作用了。

另外，赞扬的场合，多数时候并不是听话人不知道已经达到赞扬的那个程度，而是类似于前面说的"提醒"，是有意告诉听话人我的"看法"。所以这种话常常是可说可不说的，多数是一种感情的表达。不光"太"是如此，其他诸如"好极了""坏透了""撑死了"也都如此。

四

4. "了"与"过去时"

4.1 现在我们要进一步阐述"言有所为"这个原则。前面已经说过，我们说一句话，表达一个意见，目的是为了引起一个行动。有人说，在上海，如果一个陌生人走过来跟你说话，最后他一定跟你提个要求。这当然是把语言的"言有所为"运用到极端的典型。有的时候没有这么"势利"，不过多出来的劳动总是有它的价值的，比如联络感情，发泄郁愤，缓和尴尬等等。所以，"言"必"有所为"，只是为的程度有大小、为的效果有好坏罢了。

4.2 "言有所为"就要有一个背景。一个原有的状态是创新的根据，一个目前的现状是继续的基础。所以语言需要有标记来说明一个状态究竟是属于过去还是将来。在汉语中,承担这个职责的就是句尾"了"。

一般认为,汉语没有"时",只有"体"。不过,在发话时,一个行动是否已经执行,是十分重要的。打个比方,现在电脑发达,印刷机方便,带给我们的就是每天要处理大量的文件。大家或许有这样的经验:如果我们只在文件上写"复印"、"通知"、"送出"、"传阅",时间久了,我们就不知道,这是已经执行过的标记还是准备执行的标记。所以,对已经执行过的文件,常常要加一个"已"字,这个"已"字就是一个"时"的标记——相对做标记的时候,执行行为已经成为过去。汉语的句尾"了",实际上起着"时"的标记作用。(一件趣事,清朝皇帝在奏折上批"知道了"。)

表面看来,汉语的"了"可以用于过去、现在和将来的任何时候,而实际上,说话时报道的事态不属于发话时的现在,而是过去,或者将来,这个时间点是要特别指明的。假设有这样一段对话:

——我38岁了。
——什么,你不是地震那年出生的吗?
——对不起,我说的是明年38岁了。

可见,"我38岁了"的理解只能是到发话的时候38岁,否则就是说假话③。以下的话虽然都是可以说的,可是需要点明时点:

> 1936年10月19日的下半夜,他休息了。(过去)④
> 五十万年前,周口店猿人就知道用火了。(过去)
> 明年,我该大学毕业了。(将来)
> 到本世纪末,我国就实现四个现代化了。(将来)

4.3 前面拿文件上做标记打比方,现在我们继续用处理文件打比方。给文件上写"已"字按说只能在事后。有时候马上要执行这个行动,就偷个懒,先写上"已"字。可是一打岔,又忘了,结果就犯了错误了。所以"时"是需要参照点的,否则那个"已"没有用。英语的"-ed"是以发话时间为参照的,汉语的"了"其实也是以发话时为参照的——只是汉语采取了个偷懒的办法:缺省(default)的时候,以发话时为参照,有时间标记的时候,以指明的时间为参照。

Charles Li(1981,1987)指出,"了"与"当前状态相关"。赵元任先生在翻译汉语的"了"字句的时候,常常在后面加上"now"。需要指出的是,我们现在习惯于把时间分为三段:现在、过去、将来。实际上,至少汉语的"现在"只是一个切点,而不是一个"段"。所以一个事件,不是在发话之前发生,就是将要发生,没法刚好骑在"现在"这个点上。依发话时为基准,我们把此前的动作用"了"来表示,如果句子中没有特殊的时间说明(包括时间副词和时间词)的时候,我们都只能理解为"说话之前",这也就等于了英语的"过去时"。

指出这一点是重要的。举例来说,Charles Li(1981)在说明"了"字句表示的事态与特定状况的相关性的时候举例说:

(5) 她出去买东西了。
不加"了"时"出去买东西"这个动词片语是在描述一个动作,加"了"后它就在描述一个状态,也就是"出去买东西"一事,以及此事态与现况(present situation)的关系。"

这样的描述显然是不清楚的。用我们的"言有所为"的观点来看，不加"了"也与现况有关："她出去买东西，你在家等着。""她出去买东西，你怎么不给她钱。"实际上，二者的区别仅在于加"了"后的动作是一个发话时点之前的动作，而没有"了"是一个没有"时"标记的动作[⑤]。

Niina Zhang（2000）也用句尾"了"可以和各种"体"结合的事实说明，"了"不可能再是"体"。我想这是一个很聪明的证明法。

4.4 下面再次引述第1章6.2赵世开、沈家煊1984关于英汉翻译情况的统计：

	了1	了2	了1＋2	总计
一般现在时	79	112	22	213
一般过去时	478	147	90	715
将来时	20	66	0	86
完成体	124	62	127	313
其他	8	27	2	37
合计	709	414	241	1364

也就是说，用英语的"have"翻译汉语"了"的不到23 %（313/1364），而翻译一般过去时的占一半以上（52.4 %，715/1364）。所以，汉语的"了"主要对应的是英语的"过去时"，这是显见的。现在，大家都讲求"核心意义"，

我们又为什么不承认句尾"了"有表"过去时"的作用呢？⑥

4.5 说到这里，我们不能不批评一下现在常见的对"完成"的解释法。许多人在讲解"了"的"完成"时，都是这样向大家求证："我吃了"，这事儿"完成"了吧？"书看了"是"看完了"吧？表面上用"完成"做了解释，实际上是"过去"的替代说法。因为这里问话人所问的都是在发话之前已经执行过的行动，相当于在问："这些动作在现在之前都做过了吧？"被问者当然只能回答"是"。这实际上是利用"完成"和"过去"的重合部分在提问，相当于法律学上的"有罪推定法"。

其实问话者只要反躬自问，英语带"-ed"的那些动作是不是"完成"的，得到的回答也一样是"完成"的，还可能更干脆，因为汉语里倒有不少带"了"的动作没有完成——"我吃了三天了，还要吃三天。"（参见黎天睦1994）

奇怪的只是,大家都用这个办法来证明汉语是"完成",却不敢说英语是"完成",何以厚此薄彼至此!

五

5. "了"表将要

在带句尾"了"的句子中一直比较难以解释的是以下这类句子:

在开饭前说"开饭了,开饭了!"
在上课前说"上课了,上课了!"
在开车前说"上车了,上车了!"

在对"了"的意义做了清理之后,这个问题已经不难解释了。"了"的意义在于报道一个新事态(a new state of)。这类句子的特征是出现在一个新事态即将出现之前。这使我们想起英语的"I am going to do something"的句型。这种句型是要说明即将进行的一个行动。这相当于让进行体提前挪用。正是这种挪用,才表现了动作的随即发生。用图形来表示,即:

⤴
○○○○○○○○○[进   行   ]

汉语也是同样，用新事态的提前挪用表示动作的随即发生：

$$\circ\circ\circ\circ\circ\circ\circ\circ\circ\circ [\quad\quad 新事态 \quad\quad\quad]$$

事实也正是这样，这种句子只能在进入新事态的寸前发出，而不能是远距离的。比如我们不能说：

世界大同了，世界大同了！

因为那还早着呢。同样也听不到说：

人类毁灭了，人类毁灭了！

因为按最坏的邪教，也要留一个不短的间隙，让人们有机会从属于他，他们不会宣布马上就毁灭。（同样，他们也不会宣布几代人之后毁灭，因为那样的话就会失去效果。）

一个学生在考试结束后，可以立即高呼"毕业了，毕业了！"但他不能在刚上学的时候就喊"毕业了，毕业了！"那会被理解为疯子或者是开玩笑。

从"开饭了"到"I am going to do something."说明，

语言心理的某些特征是大家共同的,问题只在于我们是否找准了比较的角度或尺度。

六

6. "V了O了"的最新发展

最后,我们要谈一个北京话的重要变化。我们知道,北京话本来的标准句型是:

V了O了

可是近年来,大量出现这样的句子:

我回家了。
我吃饭了。
我去公园儿了。
我买三个了。
我打二两油了。

动词后的"了"不见了。用我们的解释,这也是合理的。因为句尾的"了"表示了"过去时",这之前的动作自然实现,因而有一个"了"是羡余的,省去一个"了",正是一种简化。只是需要注意的,这将会引起汉语语法性质上的重要变化，何去何从，是一个值得瞩目的课题。

附注：
①在开会的时候，发言者常常拖延时间。台下的人觉得台上废话连篇，台上的人却以为自己咳唾珠玉，不说就不能尽意。这应该是大家都有感受的例子。
②举一个例子：从东南亚金融危机开始，海外多次报道"人民币要贬值了！"可是至今也没有发生。可见动词句也可以是"主观的"。
③这篇文章从开始写作到最后发表，多次跨年度。所以要想让年龄数总是对的，就必须不断修改出生年。这也说明，"了"的时间是以发话时为参照点的。
④这个句子是2001年10月19日新浪网现代汉语版的贴文标题。乍一看，会觉得很怪，就是因为报道的事情太老了，而报道的方式太"新"了。当然，这是一种文学手法。
⑤Charles Li的这篇文章是目前句尾"了"的分析中最好的，只是没有穷尽归纳。我们准备撰文讨论这篇文章。
⑥我曾在一篇文章的注中讲过一个故事：有一回，我一位研究语言学的香港朋友跟我讨论"了"的问题，转过头去就对她的美国丈夫说我们刚才讨论汉语的"past tense"。可见如果不是囿于成见，人们最自然的理解就是汉语的"了"相当于英语的"-ed"。许多汉英对比的文章也都提到外国学生把"了"理解为"-ed"这件事，只是大家想力挽狂澜，刻意要对着干。

参考文献
方　霁2000："了1""了2"的定位，《面临新世纪挑战的现代汉语语法研究》，山东教育出版社。
金立鑫1999：现代汉语"了"研究中"语义第一动力"的局限，《汉语学习》第5期。
Li, Charles.N., S.A.Thompson, R.M.Thompson 1982 The Discourse Motivation for the Perfect Aspect:The Mandarin Particle LE,《已然体的话语理据：汉语助词"了"》，收入《功能主义与汉语语法》，北京语言学院出版社1994。
Li, Charles.N. and S.A.Thompson 1981: Mandarin Chinese: A Functional Reference Grammar, University of California Press.黄宣范译：《汉语语法》，文鹤出版有限公司1983。
黎天睦（Timothy Light）1994：论"着"的核心意义（译文），《功能主义与汉语语法》，北京语言学院出版社。
刘勋宁1998：《现代汉语研究》，北京语言文化大学出版社（2001年重印）。

刘勋宁1988：现代汉语词尾"了"的语法意义，《中国语文》第5期。
刘勋宁1990：现代汉语句尾"了"的语法意义及其与词尾"了"的联系，《世界汉语教学》第2期。
刘勋宁1999：现代汉语的句子构造与词尾"了"的语法位置，《语言教学与研究》第3期。
刘勋宁2000：答友人——关于语法分析的几个原则问题，《世界汉语教学》第3期。
刘元满1998："了"在"太+形/动"句中出现的条件，《北大海外教育》第二辑，北京大学出版社。
宋绍年、李晓琪2000：汉语动态助词"了"研究的回顾与前瞻，《面临新世纪挑战的现代汉语语法研究》，山东教育出版社。
萧国政2000：现代汉语句末"了"意义的析离，《面临新世纪挑战的现代汉语语法研究》，山东教育出版社。
Zhang Niina 2000：The Reference Time of Tense and the Chinese Sentence-Final LE, http://www.usc.edu/dept/LAS/ealc/chinling/articles/tense.htm。
赵世开 沈家煊1984：汉语"了"字跟英语相应的说法，《语言研究》第1期。
赵元任1968：A Grammar of Spoken Chinese, University of California Press. 丁邦新译：《中国话的文法》，学生书局1994。
左思民1999：现代汉语中"体"的研究，《语文研究》第1期。

第8章 关于语法分析的几个原则问题

0. 引言

1988年发表《现代汉语词尾"了"的语法意义》(本书第1章)一文时没有想到,这篇文章能在海内外引起这么广泛的兴趣,以至10多年来不断有人发表文章补充、商榷、以及评判得失。(参见陆俭明1993,木村英樹1997,高橋弥守彦2002)这里仅就读书所及产生的一些想法、看法以及当年写作时已经想到的一些问题,简略地写在下面,以回答诸位友好的提问。

1. "了"看作一个好,还是两个好?

词尾"了"和句尾"了"究竟看作一个好还是看作两个好,这是一个需要系统处理的问题。所谓"系统处理"是说,按自己所据的语法系统也可以把"了"处理成一个,但仍然需要说明一个句子为什么要用两次"了",而且两次使用的理由一定不一样。如果认为出现的原因、功能完全一样,就不能回答为什么要出现两次的问题。就我自己的意见,看作两个比较好。这是因为看作一个,我们不知道该怎样说明下面这种形式要用两个"了":

吃了饭了

丢了东西了

去了东京了

过了一个小时了

近年来，大家都注意到了方言和标准语的不同①，书面语和口语的不同②。不过，上面这些句子可是地地道道的北方话，包括北京话，而且是常用句型。研究者不应回避这类句型。曾经看到美国出的一本专书和日本的一篇专论，把两个"了"做一个描写，两种"了"的例句都有，可是全书的例句中没有一句像上面的例句那样是两个"了"同时出现的。这样做虽然简便，可是是没有价值的。研究中国语法，总得要解决中国人说的话里的问题。问题不解决，说了等于没说。

研究当中会遇到难于解决的矛盾，这对研究者来说，是不幸，也是大幸。因为有矛盾，不能让我们的说法得以畅行无阻；可是也正因为有矛盾，我们才能够怀疑成说，提出前人所没有的新见解。所以回避矛盾的做法，不是办法。我想，在"了"的研究当中，能不能解释好上面这种形式，可以作为检验自己的定义好不好的一个标准。

如果主张分两个"了"，就要时时警惕不要让两个"了"混淆了自己的视线。有一篇谈词尾"了"的文章，一开头举了6个例子：

(1) 这本书你看了吗？——看了。
(2) 你吃了饭了吗？——吃了。
(3) 那个消息他知道了吗？——知道了。
(4) 你了解了他的情况没有？——了解了。
(5) 苹果红了吗？——红了。
(6) 水热了吗？——热了。

除了第2句"吃了饭"和第4句"了解了他的情况"里各有一处是词尾"了"之外，其余都是句尾"了"的例子。这样，即使说对了，这对的意见到底该算哪一个"了"的呢？

2. 不要把解说中的意思混到原义中去

我们用语言解释世界，也用语言解释语言。用语言解释世界，即使说得不确切，也不会把不确切的意思混到外部世界里。（这大概也是自然科学比社会科学来得"科学"的一个原因吧。）用语言来解释语言，就比较麻烦。因为用的是同一个系统解说，再在解说上做文章，就难免把有些原句没有的意思混进去。先举一个典型的例子。一本书说"了"的一个意思是"表示过分，有'太'的意思，多在形容词后"，作者的例句有：

> "跟您讲生意还有我的赚头吗?赏个本儿,给五块吧。""多了!"(邓友梅《双猫图》)
>
> 这件衣服你穿,长了。他穿合适。
>
> 小姐,您今天晚上喝多了。(曹禺《日出》)
>
> 今天可在这儿玩晚了。(曹禺《日出》)

作者也许想到这些话表示了"超过某种限度"的意思,就以为"了"有了"太"的意思。可是稍微想一想,如果我们给前面加上一个"太"字,那该怎么解释呢?所以研究中检验自己的解释是否准确,有一个办法,这就是解释完以后,看一看与别的说法是否打架,如果打架,就说明自己的解说不准确,或者说这回真的是"超过某种限度"了,侵略到别的意义的领地里去了。

现在再看一个隐蔽的例子。我们常常解说"吃了"的意思是"已经吃完了",乍一看会觉得挺合适。可是细想想就知道,无论是"已经"还是"完",都是外加上去的意思,要不然,我们怎么会有时候说"吃了",有时候说"已经吃了";有时候只说"吃了",有时候又要说"吃完了"呢?所以"吃了"的"了"既不等于"已经",也不等于"完",也不等于"已经+完"。"了"只能是另外的意义。

我在1988年那篇文章中曾经提到（本书第1章4.1）：

一个语法形式的意义从下述几方面的关系中表现出来：
1. 与相关语法形式的对立；
2. 该语法形式采用前后的对比；
3. 与该语法形式的否定形式的对应。
所以我们可以通过这些方面去进行观察。

我还是觉得，这是一个基本的方法。我们虽然可以通过翻译的办法，通过内省的办法去猜本来的意思，但最后的证明还是要靠系统内部本身的差别来说明。

3. 也不要把格式的意义加到单词上来

我们在教室里听到：

吃　　饭

我们知道那是在念单字（单词）。我们听到有人说：

吃饭。

我们知道这是在说一件事。为什么？因为"吃"和"饭"

之间已经有了一种关系，这就是动作和受事的关系。可见词组和单词并列不同。组合后的单词在原词的意义之外增加了一重意义，这就是语法意义。所以在分析一个格式的时候，应当注意不要把格式的意义加在单词上。

有人说"红"有动态义。比如放在"Adj+了"的格式里，可以表示变化。客观地说，只能认为，这类形容词可以进入这种格式，表示变化。有的形容词不能进入这种格式，所以也就不能表示变化。这是格式引出的意义。开个玩笑，当我们说"红旗"的时候，就是说"旗是红的"，一点动态也没有；即使将来有一天变白了，也不能说我们早就预见到会有这一天，所以没把"红旗"叫作"红乎乎的旗"。

这一点有点像化学分析。一种物质和一种现象相联系，经过我们的分析，应当弄清楚，这种现象是由这种物质引起的，还是由其中某种成分引起的；知道了是由其中某种成分引起的，还要确切地回答究竟是其中何种成分引起的，不要张冠李戴了才好。（当然认识过程中的暂时错误是难免的。）

4. 引例要通顺

近年来，人们逐渐注意到把言语片段放到环境中去研究。这是很正确的。可是也要注意不要把生硬的例子搬进来。比如一位朋友听到这样的对话：

> 问：你吃了几碗饭？
> 答：吃了。

认为问句里的"了"是"了1"的话，回答里的"了"应当也是"了1"。这种论证似乎有理，可惜这种问答本身是不正常的。正常的回答应当是"两碗""三碗"之类，而不是"吃了"。如果这是一段真实的对话的话，那一定是答话人根本不想回答问话人的问题，才用"吃了"来搪塞。（这种搪塞法倒是常见的。）

引例要注意通顺，分析例句也要注意通顺。有一位对外汉语教学的工作者分析"这本书你看了吗？——看了。"这样的对话说：

> 说"看了"或"看完了"没有什么区别。因为如果不是看完整本书，回答会是"刚看"，"看了一点儿"，"看了几页"之类。

中国人从来没有这么精确地回答问话的（其实外国也没有）。看了《红楼梦》的人不算少，可是从头看到尾的人不会太多，没有人在回答这样的问话时会告诉你看了多少页。"看了"和"看完了"完全不一样,"看了"可以搪塞没看完的事实,而用"看完了"来回答就成了说假话了。

语言研究的范围是广阔的。通顺的句子可以研究,不通顺的句子也应当研究。不过,不通顺的句子是由另外的因素支配的。只有把支配不通顺的句子的因素找出来之后,这样的句子才可以成为我们的研究对象。

5. 研究和教学不同

课堂教学和语言研究不一样。课堂教学的目的是为了让学生懂,比喻应当浅近(浅近不是说用"小孩话",而是符合学习者的程度),有时哪怕与事实相反(这可以叫作教学策略)。可是研究者不能把课堂上的随意解说拿来当事实。

有的先生讲动词加不加"完"或"了",用动作的时间长短来说明:

> 一个人从站的姿势变为卧的姿势,"躺"这个动作就完成了。这是一个很快的动作,不需要一个过程,和"看""吃"不同。

用描写对象的办法来代替语法分析是很危险的。这位作者以为"躺"的动作快,实际上,我们也完全有理由以为"看"和"吃"的动作更快。"趁着往下躺的当儿,我迅速地看了一眼","你还没躺下,我就吃完了",哪个快?

有一本书说:

> 最典型表示完成的是与短时动作的动词结合,如"死了"、"到了"、"亮了"、"灭了"等。这些都可以译为过去时。

那么,长时动作的动词又是哪些呢?作者举了一些例子,其中有这样的例句:"他走了一个钟头才走到家。"奇怪!如果是"走了一秒钟就停了","走"是短啊还是长呢?

一个研究者的任务就是要揭示隐藏在现象背后的线索,要让自己的结论在同类的事物中贯彻到底。就我个人的认识来说,我们可以因为反应的差别把类分化,但不可以让自己规定的同一个类里有矛盾。也许只有这样,我们才能在研究上有所进步。

下面再看一个硬要坚持已经证明行不通的"完成"说给自己带来困扰的例子。有一本书认为"了"表示完成,其中有"祈使句中的完成"一项,作者对具体的句子是这样分析的(小括号是原有的。我们在破折号后加上按语):

> 倒了它。(曹禺《雷雨》)

("它"指药,"倒了"是倒掉,不要。"了"是必不可少的。但如说"请把药倒在杯子里",必不能用"了"。)
　　——"了"必不可少的理由是什么呢?是"不要了"吗?那么"请把药倒在地上"是不要了,可不可以加"了"呢?

　　喝了它,不要任性,当这么大的孩子。(曹禺《雷雨》)
　　(意思是把药全喝下去。"了"是必不可少的。如说"请喝茶",重点在"喝",不一定全喝完。)
　　——"了"必不可少的理由是什么呢?是"全"吗?那么"请吃药"就是别全吃掉吗?

　　别买了假药!(老舍《四世同堂》)
　　("了"是必不可少的,因为"别买假药"意思是不要自己主动去买假药,而这里要说的是要注意结果不要"买了假药"。)
　　——"了"必不可少的理由是什么呢?"买假药"还有主动的吗?如果真有想买假药的,难道不可以说"买了假药就好了"?!

本来用"实现"可以清清楚楚地说明的道理（"倒了它"、"喝了它"就是要让"倒它"、让"喝它"成为事实，"别买了假药"就是不要让"买假药"成为事实。）作者偏要用"完成"来说明，结果说出这些连"似是而非"都够不上的理由。

6. 贴标签的作法不是好办法

无论是动词后的"了"还是句尾的"了"，它的语法性质都有人在讨论，有人叫助词，有人叫后缀，有人叫补语。叫什么，不是不重要。但最重要的是它们到底表示的是什么意义，起的是什么作用。至于给它起个什么名儿，等性质清楚了再起也可以。

有人把"了"叫作"完成"，说"完成"不等于"完"。可是翻开《现代汉语词典》就知道，"完"的一个义项就是"完成"。正是怕有人较这个"真儿"，我才特意在1988年那篇文章的第一段首先引出各家把"了"等同于一个过程"结束"的各种说法③。这倒是未雨绸缪了。

还有一种研究方法，可以说也是贴标签的方法。有人说："吃了五分钟"是"五分钟"完成了；"红了一大块"是"一大块"完成了。这种解释表面上好像合理，其实是不可取的。我在1988年那篇文章中已经说到了这种情况（本书第1章4.4）：

因为这种"完成"是在由"开始"到"完成"的全过程中任意截取的，没有质量规定，所以无从判断。

大概由于这句话太抽象，所以还是有人从这个角度提出问题。现在补充一个例子。一个喷水池开始喷水，虽然没有结束，我们不是一样可以说："喷了五分钟了，六分钟了，七分钟了……"，一直到真正结束的时候；也可以说"喷了一分钟了"，"半分钟了"，或者更少——这要看你有没有观察更短时间的手段。对于我们来说，只要有了开始，实际"实现"的任何一段时间里，这个句型都是成立的。如果有人要造句子，问你：虽然还没有结束，我可不可以造带"了"的句子，你难道不是回答只要有喷这个事实就行，而是一定要有一个确定的"结束"或者"完成"才可以吗？

我想我们讲语法的目的，不仅仅是为了给某种形式起一个名称，而是要搞清楚这种句法的规定性：怎样可以，怎样一定不可以；怎样虽然可以，但是有条件；怎样本来不可以，可是由于特殊的原因使它可以了。只有把这些规则和条件、原因都讲清楚了，我们讲语法的任务才算完成了，我们的目的才算实现了。

7. "实现"这个词儿好不好？

语法问题用一个词儿来说明，总是比较笨拙的事。因为词是有词汇意义的，同时它还有它自己在语法上的种种限制和规定；而语法问题是要说明词与词、结构与结构之间的关系的。这种语法关系不是常常正好能够用一个词去概括。有些语法关系比较简单，似乎可以用词来表达。多数的语法关系都比较复杂，用一个词来说明，总是七长八短。不过我们总得用一个名称去指称一件事。名称可以与实际事物没关系，所以许多学者在说明定义时再三强调学术概念与一般名词不一样。可是，就一般人来说，还是喜欢从名称去猜测意义。所以名称还是有个好不好的问题。

1988年那篇文章的第一段（本书第1章1.1节）举了用"完"不能推及"形容词＋了"的例子，其中有一条注："这种释义方式是常见的，但不是严密的。这里完全是为了显示动词和形容词之间的不平行现象而采用的。"还有一条注："我们认为那种用词汇来替换语法标记以求得（或者验证）语法意义的作法是不妥当的。那种作法类似于训诂上的'随文释义'，虽然说解方便，却容易使人上当。"我们要说的就是这个意思，理解语法意义，最好不要只从名称上去理解，尤其不要简单地用词汇替换的办法去理解④。不过，无论你怎样强调，都不能挡住人们还是要按习惯去理解。这就不能不让我们注意名称的问题。

这10多年来又有许多同行进一步论证了词尾"了"的意义,许多认识比我们当年所说更加细致、周到。比如,石毓智1992进一步指出"初始事物"不能跟"了"搭配。竟成1993提出"了"有"延续"语义的看法。这些都使"了"的意义更加显豁。(不过,我们认为,名称不必改为"实现——延续"之类,因为"实现"了,就自然处于新的状态中,比如我们实现了"四个现代化",我们不就生活在四个现代化的延续中了吗?)

有朋友觉得"实现"一词"使人想到某种'目的性'或'预期性'。""很多带'了'的句子并不同说话人预期性相关,而是一种自然发生的现象。"(张黎1997)不过,这种担心是不必要的。我们只要在定义里说清楚,"了"表示的只是谓词所指成为事实,完全没有要"努力"的意思就可以了。

有位朋友(木村英树1997)是采用"完成体"这个名称的,在最近的文章中明确指出:

> 本文所说的完成体是表示"已经实现了"的阶段,我们认为时态助词"了"正是这种语法意义的体现。

可见我们当年所做的只是归真返朴,让名称和事实统一起来罢了。

10多年前写那篇文章的时候,曾经担心"实现"这个名称是不是最好,所以我们不无犹豫地说(本书第1章6.2):

> 由于"完成"之说已经成为习用的说法,所以对于既成事实可以有两种办法:一是在"完成体"的名目下,修改它的定义;一是换用新的说法。

当时只是觉得"从汉外对比以及加深对汉语本身认识的要求出发,我们以为采用后一个办法较为妥当。"现在看来,"完成"这个术语给我们带来了种种本来不该发生的疑惑和误解,给学生带来了"你了我不了,我了你不了,了了也白了"(对外汉语教学界的著名说法)的困扰,我们还是放弃"完成",采用"实现"这个名称好[5]。

附注:
① 方言和标准语的区别是一定要注意的。有人说:"吃过了=吃完了","吃过再走=吃完再走",其实,把"过"="完"是方言的说法(大概是吴方言区的人说的普通话)。有人认为不必把方言和标准语分得那么清楚,问题是,我们讨论"完"的时候,有人把"过"扯进来,又通过方言的说法,把"过"和"完"等同起来,这就谬之千里了。谓予不信,有人比这还厉害,说:"昨天我吃过饭以后找过你","昨天我吃了饭以后找了你",这里的"过"和"了"可以互换,并且基本意思不变,这说明……云云。
② 书面语和口语的区别也是要充分注意的。比如说,我们说"VO"不能独立,这是指口语。在书面语里,在一定的条件下是可以独立的。这些都应该仔细分辨才好。

③1988年那篇文章之所以要在开头引出各家的看法,目的就是要说明,大家都是把"了"所表示的"完成"当作"结束"看的。有的人认为"了"表示的"完成"不等於"完",那只能说明他的理解与众不同——不过,也没有人知道他理解的"完成"是什么。

④也举一个例子。有朋友举例:昨天老王买了一本书,用实现论来解释,说"昨天'实现'买一本书的行为'总是别扭。不如"昨天'完成'买一本书的行为"来得直接、明确、好懂,尤其是在教学上。该作者提议把"了"叫作"完成—延续"体。如果我们仿他的解释法,说"昨天'完成—延续'买一本书的行为",恐怕更别扭吧。

⑤有朋友觉得,英语是"完成",我们也叫"完成",便于和国际接轨。其实,人们常说的那个用 have 表示的 aspect,英语并不叫"完成",而是叫 perfect。perfect 不是一个生僻词,是什么意思,问问说英语的人就知道。我常觉得,有人用自己的意思翻译了外语,好像把"门"叫作"窗户",然后又叫人跟他讨论"门"是不是"窗户"。

引用文献

高橋弥守彦 2002:2つの"了"について,『日本語と中国語のアスペクト』,白帝社。

竟　成 1993:关于动态助词"了"的语法意义问题,《语文研究》第1期。

陆俭明 1993:《八十年代中国语法研究》,北京,商务印书馆。

木村英树 1997:'变化'和'动作',『橋本萬太郎紀念　中国語学論集』,内山書店。

石毓智 1992:论现代汉语的"体"范畴,《中国社会科学》第6期。

王　还 1990:再谈现代汉语词尾"了"的语法意义,《中国语文》第3期。

王　还主编 1995:《对外汉语语法教学》,北京语言学院出版社。

王　还主编 1992:《汉英虚词词典》,华语教学出版社。

张　黎 1997:"谓了C"和"谓C了",『中国語学』244号。

附录1

一个"了"的教学方案

开场白：

也许是缘分。

1987年12月31日我在广州召开的第4届中国语言学会年会上作《现代汉语词尾"了"的语法意义》的大会报告，本会会长古川裕先生正好在场。报告后他拉着我的手说，你把"了"的问题解决了。这当然是鼓励我的话，从此我们结缘。我来到日本初次见到今天大会的主持人，也是本会新一任会长荒川清秀先生，那是1997年3月15日在东京召开的现代汉语教学研究会上，他当时报告《"了"をどう教えるか》，我们因此而第一次攀谈。

不承想20多年的"了"的因缘又实现为今日的盛会，二位会长同时在座。尚未完成的"了"的研究提前实现为教学方案，再没有什么能比这更令人高兴的了！让我把今天的演讲献给二位会长和中国语教育学会的诸位朋友，敬请批评指正。

0. 前言

0.1 教学和研究不同。研究追求的是事物间最广泛的联系和事物变化的最深刻的动力以及这种动力的最直接的传递方式。虽然研究者也有一个怎样向同行和外行说明自己的成果以寻求支持的问题,然而这毕竟不是最主要的。教学则不同,它有教育对象,必须考虑怎样便于学习者理解和掌握的问题。教什么、教多少、怎样教,应当兼顾教与学两方面的实际情况,不必有固定的模式。运用之妙,存乎一心。能够把枯燥的教条和抽象的道理兑换成学生可以欣然接受的说项,循序渐进,有声有色,就成为高超的行为艺术。可以说教学是一种策略、一门艺术,需要八仙过海,各显其能。

0.2 有了上面的说明,我们就要指出,本文提供的只是一个教学方案,或者说写得详细一点儿的参考材料,供大家剪裁取舍。本文采取分层递进的写法,也是这个意思。比如,最简单的讲法,§1.1也许就够了;想再多说一点,就加上§1.2。讲完"简说",还想细论,就加上"各论"。心有不忍,再添"申述"。教案尽可能写得详尽一些,但也不能面面俱到,特别是正在论争中的问题,这里只取一家之言。采用的时候,或删或改,不必拘泥。

0.3 本文只是撮述作者有关"了"的一系列文章中讲过的内容,略添加一些关于教学的建议和说明。文章最后附有作者有关论文的目录（见本书附录2），详细的解说请参考那些文章。关于"了"的研究著述汗牛充栋，我们不再详列那些文献，只把与我们观点相近，且有补充作用的文献随文注出。

本文的构成是：1，简说；2，各论（上）——句尾"了"；3，各论（下）——词尾"了"；4，申述。举例的时候，前面加*号表示这个说法不成立。例句里的（ ）表示其中的成分可有可无。

1. 简说

1.1　现代汉语有两个"了"。一个是实现体标记，表示动作或状态成为事实，用在句中动词之后。另一个是申述语气词，表示所说是一个对方不知道的新情况，用在句子的末尾。动词后的"了"叫词尾"了"，句子末尾的"了"叫句尾"了"。为了称述简便，有时候也分别称之为"了1"和"了2"。

词尾"了"的例子如：

> (1) 我吃了一个馒头。
> 　　对面来了一个人。
> 　　吃了饭再去。
> 　　走了这么长时间还不到一半儿。

句尾"了"的例子如：

(2) 我吃了。
他出国了。
太阳出来了。
刚才睡着了。

两个"了"可以同时出现在一个句子里。例如：

(3) 我吃了饭了。
他去了上海了。
学了多年汉语了。
刚才吃了一个了。

前一个"了"表示动作或状态成为事实，后一个"了"把这个事实申述给听话人。（自言自语的时候，说话人自己同时是听话人。）①

1.2 词尾"了"也可以用在形容词之后。例如：

(4) 花红了一片。
鞋小了一号。

小王红了脸了。

班上又多了一个学生了。

所以,比较准确的说法应该是词尾"了"用在句中谓词之后,谓词包括动词和形容词。通常所谓"用在句中动词之后",如§1.1那样,只是一个简便的说法。

1.3 词尾"了"还可以用在一般所说的结果式述补结构之后。例如:

(5) 吃腻了山珍海味。

晚霞染红了西边的天空。

写完了研究计划了。

打赢了第一局了。

"了"不能插在动词和补语之间,也就是不能说"*吃了腻"、"*写了完"、"*染了红"、"*打了赢"。结果式述补结构其实是复合动词,作为词尾的"了"自然不能出现在动词的内部而只能尾随其后。

所以,关于词尾"了"的位置的准确说法应该是:词尾"了"用在句中谓词之后,包括动词、形容词和复合动词(短语动词)之后。

1.4 "了2"一般处在句子末尾,但是也有不处在句子末尾的情况。这主要是反复问句和"吗"字问句。反复问句里的例如:

(6) 你吃了没有?
花儿红了没有?

这里的"了"是"了2"而不是"了1"。反复问句实际上是由肯定和否定两个小句合成的,"了"属于前面一个小句:

(7) 你吃了+没有(吃)?
花儿红了+没有(红)?

所以,这里的"了"是"了2"。这是指不带宾语的情况。在有宾语的情况下,宾语之前、动词之后的"了"还是"了1":

(8) 你吃了1饭没有?
小孩上了1学没有?

老一点的北京话,或者方言里还会出现:

(9) 你吃了1饭了2没有?

小孩上了1学了2没有?

这也说明把反复问句分析成两个小句的看法没有错。在把反复问句分析成两个小句之后,各部分的语法分析就可以比照单句进行了。

另一种情况是一般疑问句即"吗"字句里的"了"。因为"吗"是加在句子上的,所以它前面的"了"的分析也应该比照单句来进行:

(10) 花儿红了2吗?

他喝了1一瓶啤酒了2吗?

现在一般的看法,"吗"来源于古代汉语句末的否定词。那么,它跟反复问句里的"了"的情况相似也就是必然的了。

1.5 需要注意的是祈使句里动词后的"了",虽然出现在句尾,我们不看作句尾"了",而是看成动词的补语:

(11) 你把饭吃了!

应该把兵撤了!

这类句子的分析可以比照:

(12) 你把树栽上!
　　　去把水倒掉!

"你把饭吃了!"里的"了"就相当于"你把树栽上!"里的"上"和"去把水倒掉!"里的"掉",因此是动词补语,不是词尾或句尾。据说北京话里的读音也不同于两个"了",书面上有时候就写作"喽"。(参见马希文〈关于动词"了"的弱化形式 /·lou/〉,《中国语言学报》1982 年第 1 期)

1.6　此外,还有一种越来越少见的情况,就是名词后面加"了"表示列举,如:

(13) 手绢了,袜子了,什么便宜买什么。

最近越来越多的是写成"啦",跟我们这里说的两个"了"没有关系。

2. 各论(上)——句尾"了"

2.1　目前通行的教科书一般按照句子里"了"的位置先后,先讲词尾"了",后讲句尾"了"。恰巧词尾

"了"又被称作"了₁","句尾"了"又被称作"了₂"。我们提议先讲句尾"了",再讲词尾"了"。因为汉语里的"V了O"是一个不自由的形式,比如我们不能说:

(14) ＊我吃了饭。
＊他学习了汉语。

如果在课堂上让学生造句,说出"＊我吃了饭。""＊他学习了汉语。"就让人纠正不好,不纠正也不好。到后来学到句尾"了",又要告诉学生正确的说法是"我吃了饭了。""他学习了汉语了。"纠正起来很不容易②。

2.2 如果先教句尾"了",我们就可以从申述新情况开始,比如找一把可以旋转升降的椅子,边旋转边说:"高了。高了。高了。"再降低,边旋转边说:"低了。低了。低了。"可以指着进进出出的人群说:"小王进来了。""小李出去了。"让学生习惯用句尾"了"来申述各种看到的新情况。然后把句子逐步复杂化,比如用反复问句或者"吗"字句提问,让学生体会各种复杂句式,增强语感:

(15) 你吃早饭了吗?

　　　让学生回答:我吃早饭了。

　　你预习汉语了吗?

　　　让学生回答:我预习汉语了。

　　你看昨天发的讲义了吗?

　　　让学生回答:……

　　你吃完饭就去图书馆找管理员说明情况了吗?

　　　让学生回答:……

在学会使用句尾"了"之后,就可以通过介绍和分析现行的几种方便说法的局限,补充和完善他们对句尾"了"的理解。

2.3　传统的一种解释是句尾"了"表示新情况的出现。这是一个方便的说法。"言有所为",在日常生活的绝大多数情况下,我们都是就眼前的事情交际,看上去仿佛"了"总是在表明一个时间上刚刚出现的新情况,如"啊,下雨了。""别吱声,小王来了。"事实上,我们既可以说眼前的事情,也可以说很久以前的事情。例如我们可以指着窗外的现实说:"唉,下雨了!"也可以回忆着遥远的往事说:"我们祖上阔多了。"还可以因古老而骄傲地说:"周口店猿人在50万年前就知道用火了。"不过,不论时间早晚，这应该"是一件对方不知道，或者说与对方已知不同的事实（一个"新"的信息）。"③ 所以我们在§1.1的定义里给"新情况"加上了"对方不知道的"的限定成分。有人把带句尾"了"的句子叫作新闻报道句，这是一个不错的说法④。

2.4 传统还常常把句尾"了"解释成"表示变化"。在局部范围里，这也是一个有效的说法。"言有所为"，我们之所以要提出一个新情况，往往是因为存在一个旧情况，新旧对比，我们就有了"变化"的认识。这一点在否定句里可以看得很清楚：

(16) 我不去上海了。
　　 我不工作了。

听话人知道你要去上海，你告诉他"我不去上海了。"如果听话人本来就不知道你要去上海，你也就没必要告诉听话人这个新情况。一定要告诉，也要从头讲起："我本来打算去上海，发现口袋里没钱了，我不去上海了。"再比如你原来有工作，听话人不知道情况改变了，你就需要告诉听话人"我不工作了"。如果听话人已经知道这个改变，听话人就会说"我已经知道了。"（这会让你脸上讪讪的。）

或者"你已经告诉过我了,这是第二遍了。"(这自然是不高兴的表示了。)可是在大量的场合下,申述新情况并不是因为存在旧情况,只不过是对方不知道而已。这种时候用"变化"来解释就相当牵强,例如"我昨天晚上看电视了。""上午去办公室了。"

2.5　我们说话的时候,绝大多数时候都说的是已经发生的事情,这就和时间上的"过去"重合。套用一本小说里的一句话:

> (17) 师父说:对。你须记住,你开口能说的事情永远都是曾经的事情。曾经的事情就是过去的事情。(韩寒《长安乱》27页)

虽然不至于我们"开口能说的事情永远都是曾经的事情。"不过大致上我们开口说的事情多是曾经的事情。即使是关于未来的话题,提供的论据和辩解的理由也大半是曾经的事情。"曾经的事情就是过去的事情。"所以把句尾"了"说成"过去时"也不失为一个方便的说法。特别是对说英语和日语这类有"过去时"语言的学生来说,他们的"过去时"句子大多可以翻译成汉语的"了"字句,利用翻译,可以让他们迅速掌握"了"字句。但是一开始就应该向他们指出：

（一）汉语的判断句没有"时"的区分。例如：

（18）他去年是老师，今年是老师，明年还是老师。

（二）汉语的形容词也没有"时"的区分。例如：

（19）昨天的饭好，今天的饭好，明天的饭还是好。

（三）有些外语的动词和汉语动词的着眼点（时间过程）不一样，如日语可以说"死着（死んでいる）"，汉语只能说"死了"；日语可以说"结婚着（結婚している）"，汉语一般说"结婚了"。这是因为汉语的"死"指的是瞬间的变化，日语的"死"却是一个失去生命的状态。汉语的"结婚"，指双方婚姻关系的建立，而日语的"结婚"则指双方婚姻状态的存在。如果说汉语的人说"他们在结婚。"那是指他们现在正在举行结婚仪式，从那以后，他们就是"结婚了。"

2.6　句尾"了"还可以用于近将来的事情。例如：

（20）在开饭前说："吃饭了，吃饭了！"

在上课前说:"上课了,上课了!"

在开车前说:"上车了,到时间了!"

在辞别时说:"走了,走了,不走就迟到了!"

这跟英语的动词加现在进行体标记"-ing"来表示即将进入进行状态的原理是一样的。汉语的这类句子都是说马上就要进入那个"新情况",常常"说时迟,那时快",说着说着就会进入那种情况。正因为如此,这种说明必须是"寸前"而不能"超前"。比如大学毕业前几个月,你可以说:"毕业了,毕业了,总算熬出头了。"可是你不能刚上大学就说"毕业了,毕业了,总算熬出头了。"你如果硬要那样说的话,别人的理解只能是你高中毕业了,总算熬出头可以在大学里好好玩一玩了——不过这正好证明,句尾"了"不能超前使用。再比如你可以上课之前几个小时就嚷嚷"上课了,上课了。"可是你不能头天晚上就喊"上课了,上课了。"因为提前得太多,认知有问题——正因为认知有问题,反而告诉我们,这本来只是表示"即将进入"的意义。

2.7 自然,表示即将意义的副词如"要、就要、快要"和句尾"了"天然地亲近,总是构成"副词……了"的固定搭配。除此之外,还有两个副词看上去与"新情况"无关，可是也经常和"了2"配合，这就是时间副词"已经"和程度副词"太"。时间副词"已经"表示在预想的时间之前，程度副词"太"表示超过标准，都是出乎意料，"对方不知道"，这样它们跟申述语气词"了2"的结合也就是本能的了。例如：

(21) 已经没了，谁让你来得这么晚。
    已经截止了，等你还能等到什么时候。
(22) 太多了，都溢出来了。
    太好了，原以为给一个，没想到给这么多。

这样，"已经……了"和"太……了"很容易配合也就不奇怪了：

(23) 已经走了，太不给面子了。
    太红了，我这把年纪已经不合适了。

2.8 汉语也有将来的事件中用"了"的句子，不过，这是有条件的。关于这一点，我们放在§4.3里再申述。另外从教学上考虑，也以初学阶段先不告诉学生"了2"用于将来的情况为宜。

2.9 最后说一说句尾"了"的使用限制。按说一个句子表示一件事情,就应该用一次句尾"了"。不过成篇的汉语不需要用那么多,一般只在一个段落的最后一句使用。例如:

(24) 我吃了早饭,赶到车站,刚好有一辆公共汽车开过来,急忙跳上车就向东京出发了。

如果不是小孩子说话,或者对初学者容忍,不能每一句都加上"了":

(25)﹡我吃了早饭了,我赶到车站了,刚好有一辆公共汽车开过来了,我急忙跳上车就向东京出发了。

这一点和日语相似。日语连续的篇章中,前面只用中顿形,只有最后一句用过去时。(这一点是杉村博文先生告诉我的,向他表示感谢。)

3. 各论(下)——词尾"了"

3.1 词尾"了"是动词的"体"标记。"体"就是动作所处的一种状态。一个光杆动词,表示的是一个完整的动作全过程。比如说"走对身体有好处。""说话太多惹人讨厌。""我就喜欢睡觉。"这里的"走"、"说话"和"睡觉"都是指动作的全过程。总是拿这种全过程的动词说事情不方便,因为也许只有动作的某一个状态才对我们说话有意义,我们需要取其一点,不及其余,因而需要把动作的全过程分解。为了指示这种分解后的动作状态,我们需要给动词加上标记,这就形成了动词的各种"体",比如:

(26) 起始体:做起来就会知道不容易。
持续体:吃着碗里的看着锅里的。
经验体:没吃过猪肉也见过猪走。
继续体:坚持下去就能登上顶峰。

相对于这些指示动作某一个方面的"体",可以把表示动作全过程的光杆动词叫"完整体"⑤。

3.2 把词尾"了"看作"实现体"的标记有着多方面的理由。首先是词尾"了"的否定形式:

(27) 吃了饭来的——没吃饭来的
做了准备——没做准备

水开了冲的——水没开冲的
柿子红了摘的——柿子没红摘的

"没吃饭来的"是根本没有吃,不是没完成;"没做准备"是完全没准备,不是准备没结束。《现代汉语八百词》说"没有""否定动作或状态已经发生。"一个语法形式的否定形式应当是与其意义相反、然而彼此对当的形式。这说明"了1"表示的应该是它的反面"已经发生"。

其次,将带"了1"和不带"了1"的句子加以对比,也可以看出,二者的语义限制仅在于动作或者状态是否成为事实这一点上:

(28) 我试做了一次——我试做一次
把球扔了过去——把球扔过去
大概(只)收了一半儿
——大概(能)收一半儿
看样子(真)下了一场好雨
——看样子(要)下一场好雨

那些由于还没有成为事实而误用"了1"的病句也能证明这一点:

(29) ＊下个月我干了十五天活儿。

＊我深信，会议以后，深圳必将出现了一个新的改革局面。

3.3 传统的说法用"完成"，很多情况下也能说过去，这还是因为，我们开口说的事情差不多都是曾经的事情。曾经的事情大多是完成的事情，所以用"完成"可以蒙混过关。不过有个条件，这就是那必须是一个"完成"的事情，对那些仍在延续的动作或状况就不能奏效了。例如"大了一寸"，"笑了起来"，"问了一遍又一遍"，"说了个没完没了"，就很难用"完成"来说明。

实际上，北京话如果要说明动作或状态"完成"的话，是采用动词、形容词加补语"完"的形式的。两相对照，我们就可以知道"了1"表示的并不是"完成"：

(30) A 吃完才觉着有点儿香味。
　　　B 吃了才觉着有点儿香味。
(31) A 见完他还真有点儿后怕呢。
　　　B 见了他还真有点儿害怕呢。
(32) A 你说完没有？
　　　B 你说了没有？
(33) A 好容易当完兵。

B 好容易当了兵。
(34) A 忙完了我就来找你。
B 忙了我就来找你。

不难体会出,"完"表示的是动作或状态的完成,而"了1"表示的则是动作或状态成为事实。

《现代汉语词典》解释"实现":使成为事实。所以我们把"了1"的语法意义概括为"实现",把"了1"叫作"实现体"标记。

3.4 需要强调的是,叫作"实现体",只是说这个动作或者状态成为事实,与时间无关。例如:

(35) 等到秋天,我们就卖地,卖了地就进城找你姑妈去。

"卖地"在秋天,也就是将来。不过,"卖地"在"进城"之前成为事实,所以用"了1"。再如:

(36) 昨儿买了沙发,这会儿买了大衣柜,赶明儿买了自行车就齐了。

"买沙发"是昨天,已经成为事实,"买大衣柜"是现在,可是已经实现,"买自行车"虽然是明天,可是在"齐"之前,所以也用实现体。

另外,"实现体"是动词的一种语法属性,也就是标明动作所处的一种状态。所以即使是"实现"这个词本身,也需要用"了1"来标记它是否成为事实。请比较:

(37) A 我们在本世纪末的目标是实现产量翻两番。
B 等到实现了产量翻两番,就有资格说,我们的决策是正确的。

3.5 现在说说"了1"的位置。1999年我们提出了汉语焦点动词右移的规则⑥。例如:

(38) 系里开了会
系里开会表扬了老王
系里开会表扬老王去了现场
系里开会表扬老王去现场开了会
系里开会表扬老王去现场开会表扬了老李

我们把有"了1"跟着的动词叫"焦点动词",把焦点动词所在的动词短语叫"焦点动词节"。可以看出,一个句子里有多个谓语动词节的话,词尾"了"只出现在最后一个谓语动词节上。如果用公式描写的话,就是:

(39) S =（S）(V C + V C +……+) V 了 O[⑦]

前一个S指句子,后一个S指主语；V是动词,C是补足成分。按照这条规则,如果句子只有一个动词的时候,"了1"当然就用在这个动词之后,如果连续有几个动词节出现的时候,就要用在最后一个动词节上。

例如有这样一个句子(例子引自陆俭明〈关于汉语虚词教学〉,《语言教学与研究》1980年第4期):

(40) 我下车后,中国同学热情地帮我搬行李。

"帮"和"搬"都是动词,"了1"应该放在哪一个动词上呢？有位留学生是这样造句的:

(41) *我下车后,中国同学热情地帮了我搬行李。

这是不对的,如果要加"了1"的话,应该放在后边的动词"搬"字上:

（42）我下车后，中国同学热情地帮我搬了行李。

3.6 一个句子只有一个焦点，所以一个句子也只能有一个"了1"。下面看几个对比的例子：

（43）

A	B	C
去公司吃饭	去公司吃了饭	去了公司（,）吃了饭
上网买东西	上网买了东西	上了网（,）买了东西
找人看房子	找人看了房子	找了人（,）看了房子
托人送红包	托人送了红包	托了人（,）送了红包

不难看出，C类是两个句子，无论有没有逗号把句子分开。B类前面的动词节只是后面动词节的手段，如果我们想把前面的动词节作为焦点来陈述，就需要换一种说法。可以对比：

（44）我今天接理事长去了北京站，才发现北京站大变样了。
我今天去北京站接了理事长，才知道理事长不是想象的那个样子。

3.7 当然下面句子里的"了"不符合焦点动词右移

规则和一个句子只有一个焦点的规则：

(45) 下了课你来找我。

给了他就对了。

支持了他等于支持了我。

不过，这些句子显然与例（38）不同类，规则自然会有不同。这方面作者除了有一篇简短的日语文章之外（见本书第3章，已改写为汉语），还缺乏深入的考察，也许俟诸异日。这是欠大家的一个债。当然，如果有人能组织一篇文章，彻底解决问题，我也乐观其成。

4. 申述

4.1 在1990年的文章《现代汉语句尾"了"的语法意义及其与词尾"了"的联系》（本书第6章4.3）里，我们提议把带句尾"了"的句子叫"申述句"，并且加注说明"关于申述句和一般叙述句的区别以及申述句在汉语句子构成中的地位，我们另文讨论。"20年过去了，我们一直没有写文章说明这一点，这是要向读者和关心此问题的朋友们道歉的。这里正好借地方说说我们对"叙述句"和"申述句"的看法。

《现代汉语词典》（1983年版）对"申"字的解释是

"说明；申述：～言｜～说｜三令五～｜重～前令"。在"申"字头下收有"申报、申辩、申斥、申饬/申敕、申令、申明、申请、申述、申说、申诉、申讨、申谢、申雪/伸雪、申冤/伸冤"等词。可以看出，这些词的基本意义都有特意提出、要求注意的意思。对"申述"的解释是"详细说明：～理由｜～来意。"之所以"详细说明"，当然是原来不明，现在要特地说明。有意思的是还有一个法律名词"申诉"。词典对"申诉"的解释是"①国家机关工作人员和政党、团体成员等对所受处分不服时，向原机关或上级机关提出自己的意见。②诉讼当事人或其他公民对已发生效力的判决或裁定不服时，依法向法院提出重新处理的要求。"也可以看出，原来有一个处理，现在要求改变。"申述"当然没有"申诉"那么严重，不过要求改变原有的认识还是一样的。

《现代汉语词典》对"叙述"的解释是"把事情的前后经过记载下来或说出来。""记载下来或说出来"对于读者或者听话人来说，也许已经知道，也许还不知道，也许值得注意，也许无关痛痒，左耳朵进右耳朵出。

这正是我们对"申述句和一般叙述句"的区别的看法。一般叙述句，只是说话人在说，也许是新情况，也许是旧话重提，也许是无意义的重复唠叨。"申述句"则必须是新知，而且希望听话人给予注意。

4.2 从历史上来说，句尾语气词"了"来源于近代汉语的句尾"了也"合音。我们1985年的文章是分析南唐作品《祖堂集》得到这一看法的。近年新发现的元刊本《老乞大》证实了我们的推断。下面是元刊本《老乞大》和后来的《翻译老乞大》的句子对比，抄下来以觅知音：

(46) 早修起了也。　　　——→早修起了。
　　 这马都饮了也。　　——→这马都饮了。
　　 驼驮都打了也。　　——→驼驮都打了。
　　 咱每饭也吃了也。　——→咱们饭也吃了。
　　 牙税钱都算了也。　——→牙税钱都算了。
　　 这个马悔交了也。　——→这个马悔了。
　　 你都看了也。　　　——→你都看了。
　　 这段子也买了也。　——→这段子也买了。
　　 全买了也。　　　　——→都买了。
　　 栏门盏儿都把了也。——→栏门盏儿都把了。
　　 茶饭也饱了也。　　——→茶饭也饱了。
　　 人叫唤有大了也。　——→人叫唤大了。
　　 射歪了也。　　　　——→才射的歪了。
　　 己赢了也。　　　　——→我赢了。
　　 馒头馅儿里使了也。——→馒头馅儿里使了。
　　 那宴席散了也。　　——→这筵席散了。
　　 这钞都捡了也。　　——→这银子都看了。
　　 行货都发落了也。　——→货物都发落了。
　　 俺行货都卖了也。　——→我货物都卖了。

这个"也"就是现在的"啊"。"也"和"啊"都是要求听话人给予注意的语气词。

4.3 表面看上去,汉语的句尾"了"好像可以用于过去、现在和将来的任何时候,其实不然。假如有这么一段对话:

(47) ——我38岁了。
——什么,你不是64年出生的吗?
——对不起,我说的是明年38岁了。

可见,"我38岁了"的理解只能是到发话的时候"我38岁",否则要说成"明年38岁了"。也就是说,"了2"表现"过去"是无标的,表现"将来"是有标的,"将来"而无标是说错话或者说假话。所以,当有人说"我钱包丢了。"你应该赶快帮她找,而不要说"先存在我这里,保证你不会丢。"有人告诉你"你家失火了。"他可能是吓唬你,但是你千万不要以为他是在预告你的未来。再举几个例子吧:

(48) 明天星期三了。
明年我该大学毕业了。

下个月这会儿我就坐在北京大学的课堂里了。

下个世纪我国就实现四个现代化了。

像英语或者日语那样，完全依照说话的时间为参照来分过去和将来，可以称之为"绝对时（absolute tense）"。而像汉语这样，依照语境中表现的某个时间为参照来分过去和将来，可以称之为"相对时（relative tense）"。（参见左思民〈汉语中时、体标记的合一性〉，《现代中国语研究》2001年第3期）具有学术价值的是，汉语也不是一个绝对的"相对主义者"（主义都是人为的，天然的东西没有主义。）也就是说，句子并不提供所有的事件时间。在无标的时候它参照的就是说话时间，这就和有时态的语言一样了。而恰恰"我们开口说的事情多是曾经的事情"，所以最自然的语感，我们都会觉得汉语的"了"相当于英语的"-ed"或者日语的"た"。这也可以说是汉语的一种灵活性——默认（缺省）的时候，以发话时为参照，有时间标记的时候，则以指明的时间为参照。这也是句尾"了"既像又不像是"过去时"标记的根本原因，或者说它虽然承担了表示"过去时"的义务，可是因为多管闲事，无法得到"过去时"的名份。

4.4 本文把"了1"叫作词尾"了"，把"了2"叫作句尾"了"。一般对外汉语的语法教材都把"了1"叫作动态助词,把"了2"叫作语气助词。这是着眼点或者说语法书的体系不同。叫作词尾,着眼在把"了1"看作动词状态的一个标记,和动词成为一体。叫作句尾就仅仅是着眼于位置。如果做语法成分分类,不单独分出词缀的类的话,自然也可以归到"助词"一类中去。这不是根本的问题。

4.5 现在国际上比较流行背景句、前景句的说法。在1990年写文章的时候,我们既不知道这样的说法,自己也没有想到过。这是语言学的进步,对我来说是新情况。但在1998年写作《现代汉语的句子构造与词尾"了"的语法位置》一文时是知道这一说法的(张伯江先生特意给我寄来了有关的文章,在此向他申谢)。我们之所以没有采用这一说法的原因是,词尾"了"的句子在前景句和背景句中都可能出现,所以我们把词尾"了"出现的地方叫焦点,而不叫"前景"或"背景"。句尾"了"所在的部分因为是特别申述的新情况,当然是前景句。只是汉语有很多种前景句,带有句尾"了"的句子只是其中一种。我们的文章不能做全面研究,只好割爱了。不过我们在文章中已经申明"汉语句子的研究是十分薄弱的,我们还无法把握本文的结论在整个句子系统中的价值和作用。"背景句和前景句的说法是一个很有价值的学说，至少离我们的语感最近。还是文章中的那句话"希望今后汉语的句子研究能够进入一个盛期。"

4.6　最后想申述的是，把词尾"了"的意义归纳为"实现"，不是我的独创。在1988年文章的§6.1已经说明，在我之前，吕叔湘的《语言和语言学》、刘月华等《实用现代汉语语法》，北京语言学院《实用汉语课本》和朱德熙的《语法讲义》都提到"实现"这个说法。所以我们的看法"不过是错综前贤之说而得其会通"，并不是独出胸臆。在日本，木村英树先生1982年的《テンス・アスペクト中国語》(『講座 日本語学』明治書院) 也指出"「了」は、動作・作用が話者によって、既に実現・展開し終えて、もはや続行されない、というあり方で把握されたものであることをしめす。"至今不忘的是，1988年文章发表以后，我收到了从日本寄来的菊田正信先生的文章和附信，告诉我他也认为"了"表示实现。我跑去问朱德熙先生关于这位日本学者的情况，朱先生说他也不知道。因为听说日本的汉学水平极高，我平生第一次，也是迄今唯一的一次，用毛笔工工整整地写了一封回信，以示敬意。如果要溯源的话，我看到的最早用到"实现"这个词的是俞敏先生的《"了"跟"着"的用法》(《语文学习》1950年第8

期），不过他是把句尾"了"的意义叫作实现。

4.7 归结起来，我关于"了"的研究一共做了三件事。第一件，第一次大规模地论述了词尾"了"的语法意义是"实现"，而且仅仅是"实现"。（这也许是我的偏执。）第二件，提出了焦点动词右移的规则。（名称还是黄正德先生建议的。）第三件，句尾"了"来源于近代汉语句尾的"了也"合音。（有人还不同意。）1982年写成初稿（最早发表的3篇原来是一篇，标题是〈现代汉语"了"的研究〉），至1984年12月11日在吕叔湘、朱德熙等先生主持的语法沙龙上发表。（《吕叔湘全集》第19卷〈吕叔湘生平事略〉1984年12月11日条下记有：到北大参加语法讨论会。）会后，历史来源部分由朱德熙先生帮助修改并推荐到《方言》杂志发表。25年过去，当年参加讨论会的吕叔湘、朱德熙、叶蜚声、马希文诸先生已经作古，在今天写这篇有点像总结一样的文章的时候，令人惆怅和感慨！有位名人说："我自己看来，我就好像只是一个在海滨嬉戏的孩子，不时地为比别人找到一块更光滑的卵石或一只更美丽的贝壳而感到高兴，而在我面前的浩瀚的真理海洋，却还完全是个谜。"谨在此向引导我来到"了"字研究的海滩，并在这个海滩上撒下光滑卵石和美丽贝壳供我拾取的前辈时贤捧上我深深的谢意！⑧

注:

① 有人提出把两个"了"合并,看成一个。这在教学上不方便。一个句子里同时出现两个"了",最方便的说法自然是两个。另外,看成一个"了"仍需要讲解为什么用一个(次)不够,还要再加一个(次)。

② 高桥弥守彦先生根据谈话分析发现,句尾"了"的句子总是出现在一段谈话的前面,而词尾"了"的句子大都尾随其后。因此高桥先生曾经建议把句尾"了"改称"了1",把词尾"了"改称"了2"。名称因为有一个习惯问题,也许不必改正,不过谈话中句尾"了"在前,词尾"了"随后则是实质性的发现,值得深思;这也是我们改变"了1"和"了2"的教学顺序的一个重要依据。(见〈"了"と"的"について〉,高桥弥守彦1998年10月25日日本中国语学会第48回全国大会论文。)

③ 金昌吉先生最近有一篇从信息传递的角度分析句尾"了"的文章,甚为精彩。尤其是对申述句如何转化为疑问句的解释非常成功,值得参考。(见〈现代汉语句尾"了"的再认识〉,北海道大学大学院《メディア・コミュニケーション研究》2009年7月第56号。)

④ 这是我在汉语时体系统国际研讨会(2003.2.28-3.2,上海外国语大学)上听范开泰先生说的。这个说法也与注2)高桥先生的发现相合。

⑤ 最近颇有人把B.Comrie的《Aspect》里的"perfective"翻译成"完整体",并说这是共识。这可不一定。日文译本《アスペクト》翻译的就是"完结相"。(山田小枝译,むぎ書房1988。)刘绮纹最近新著《中国語のアスペクトとモダリティ》(大阪大学出版会2006。)也是这样翻译的。日文译"完结"是否最合适另当别论,但对说汉语的人来说,至少比"完整"容易懂得多。

⑥ 1999年4月25日,我在北京语言文化大学召开的庆祝《语言教学与研究》创刊20周年的学术讨论会上发表〈现代汉语的句子构造与词尾"了"的语法位置〉一文,提出"VVF"规则,会议主持人崔永华教授起名"刘勋宁定律"。这是西洋式的,东方人不习惯。后来黄正德先生建议叫"焦点动词右移规则",我们采用在这里。

⑦ 对原文公式略做修改:汉语句子主语可有可无,因此给主语S加上( )。原文公式写O,没有把补语包括进来。宾语可以看作一种广义补语(宾语补足语),所以把O改为C。

⑧ 追记:本次讲演后,荒川清秀先生写作了〈"了"をいかに教えるか〉,用他的亲身经验赞成作者提出的先教句尾"了"再教词尾"了"的意见、和本讲演一起发表在《中国語教育》第8号上,值得参看。

附录2

刘勋宁关于"了"的研究论文目录及出处
（按发表时间先后顺序）

1. 〈现代汉语句尾"了"的来源〉,《方言》1985年第2期128-133页。又,《北京大学百年国学文粹·语言文献卷》,北京大学出版社1998。
2. 〈现代汉语词尾"了"的语法意义〉,《中国语文》1988年第5期321-330页。日语译文：「現代中国語の語尾「了」の文法的意味」,『中国語語学情報3：テンスとアスペクトⅡ』53-88页,好文出版2001。
3. 〈现代汉语句尾"了"的语法意义及其与词尾"了"的联系〉,《世界汉语教学》1990年第2期80-87页。
（以上3篇又收于作者论文集《现代汉语研究》,北京语言文化大学出版社1998。）
4. 〈《祖堂集》"去"和"去也"方言证〉,《古汉语语法论集》674-683页,语文出版社1998。
5. 〈现代汉语的句子构造与词尾"了"的语法位置〉,《语言教学与研究》1999年第3期4-22页。又,《对外汉语语法及语法教学研究》第1章第4节〈"了"的语法位置〉,商务印书馆2006。

6. 〈答友人——关于语法分析的几个原则问题〉,《世界汉语教学》2000年第3期16-21页。又,《面临新世纪挑战的现代汉语研究——'98现代汉语语法国际学术会议论文集》,山东教育出版社2000。
7. 〈新发现的《老乞大》里的句尾"了也"〉,《中國語文研究》(香港)2001年1期93-94页。
8. 「中國語の前動詞節中の"了"について」,『日本語と中国語のアスペクト』159-164页,白帝社2002。又,《汉语时体系统国际研讨会论文集》,百家出版社2004。
9. 〈现代汉语句尾"了"的语法意义及其解说〉,《世界汉语教学》2002年3期70-79页。又,中国人民大学复印报刊资料《语言文字学》2003年第1期。
10. 〈一个"了"的教学方案〉,『中国语教育』2010年第8号18-38页,2010年3月。

附录3

劉勲寧教授論文査読報告書

　中国の著名な言語学者である呂叔湘氏はかつてこう言われた。「誰であれ、"了"の問題を解決した人には博士号をあげたい」。それほど"了"の問題は大きく、困難なテーマである。劉勲寧教授の本論文はまさに呂氏の言葉に沿うものである。

　"le"の音形をもつ語は二つあり、一つは"了1"と、もう一つは"了2"と標記される。"了1"はアスペクトマーカーであり、"了2"は文末や節末に置かれる助詞である。日本語であえて相当する語といえば「た」になろうが、その用法は多岐にわたる。これまで多くの学者が膨大な数の論考を発表している事は想像に難くない。

　しかも"了"は中国語の入門時から出てくる。教学においてはほとんどの教師はその文法的意味を「完了」としていた。

　その潮流に対して異議をとなえ、新たに「実現」というタームを前面に提出したのが劉氏である。鋭い語感と細やかな観察に裏打ちされた論文（第1章、第2章）は多くの学者の支持を得るところとなった。私もすぐに入門の教科書に劉氏の説を取り入れ、"了1"の働きを「実現・完了を表す」とした。現在多くの教科書が「実現」の２字を取り入れており、中国語教育界にも大きな影響を与えた。

　劉氏の先行論文への態度はしなやかである。"了１"の「完了」説に対しても理解を示し、なぜそのような説が長く行なわれたかについても説得的な論述を展開している。

　特筆すべきは、本論文で展開された、中国語の文構造についての視点であろう。焦点は後ろにあるという主張に基づき"了１"の生起を規則的に示したことは，これまで未開拓であった文構造論を予見させるものであり、ぼんやりと信じられてきた「"了１"はあってもなくてもよい場合がある」という俗説を払拭し、科学的な根拠を提示された。

　劉氏は歴史的文献や方言にも明るく、これらを傍証として"了１""了２"の生起を解明するあたりは、正にネイティブ研究者ならではの、氏の独壇場である。

　本論文集の出版は、中国語学会、中国語教育界、研究者が渇望するところであり、明海大学学術出版図書の助成対象としてふさわしいものと認められる。

中国語コミュニケーション協会代表
相原　茂

后　记

　　这是我的博士学位论文。由这篇论文，我获得了筑波大学的博士（语言学）学位。
　　论文审查委员会委员：
主审：林史典（筑波大学副校长，日语史学者）
校外主审：相原茂（日本中国语学会会长，汉语学者）
委员：向岛成美（第二学群长，中国古典文学学者）
　　　坪井美树（人文社会科学研究科科长,日语语法学者）
　　　伊原大策（汉语语法、汉语语法史学者）
审查委员们一致通过了本论文。
　　本想再作一些修改补充后出版。一是不经意间已经过去了十五年；二是经常有人去查阅国会图书馆和筑波大学图书馆保存的论文副本。这些组织时常来信询问可否复制；并建议出版，以应读者的需求。如此，不如早日出版，一来方便他人参考，二来作自己随时查案的手本。作为附录，这次出版增加了一篇在日本中国语教育学会年会上的讲演稿，提出我对"了"字教学的一些想法和看法。
　　为了取得明海大学的学术图书出版助成，校方请原校外主审相原茂先生写了审查报告书。蒙相原先生慨允，我们把这篇审查报告附在书后。这也可以看作本论文的第一篇书评，从中可以看出日本学者对情况的周到、深刻的把握和从善如流的学术品格。

在本书将要问世的时候，让我再次：

感谢各位论文审查委员。

感谢筑波大学为我设立了这么高级别的审查委员会。

感谢相原茂先生的大力帮助。

感谢在我研究的过程中给予过各种帮助的中外学界同仁和支持者。

记得学位证书授予那一天是由当时还是中学生的儿子去给我拍照的。如今儿子也已经取得了他的博士（理学）学位，并且执教于名校了。年轻一代已经成长起来。薪火相传，就让这篇论文作为一段努力的历史观照和年轻一辈的前行基石吧。

作　者 于出版前夕

著者 **劉勲寧**（りゅう くんねい）
明海大学外国語学部教授、大学院応用言語学研究科博士課程研究指導教授。言語学者として多くの論文を執筆している。
主な論文に『再論漢語北方話的分区』『"多元一極"模式与中国的語言社会』『"得"的性質及其後所帯成分』『民俗調査与言語研究』『文白異読与語音層次』など。『"做"和"作"』『朴字的音』『釈吾我』などもよく知られる。
著書に『現代漢語研究』（北京語言文化大学出版社刊）、「漢字の書法の歴史」（『国際未来社会を中国から考える』（東方書店刊）に掲載）など。
現在は個人的に『玄徳故事』を執筆中で、今後の発表を予定している。

中国語タイトル **現代汉语时态标记"了"的研究**

「了」—中国語のテンス・アスペクトマーク"了"の研究—

2019年9月20日　初版第1刷発行
著　者　劉 勲寧
発行者　段 景子
発売所　日本僑報社
　　　　〒171-0021 東京都豊島区西池袋3-17-15
　　　　TEL03-5956-2808　FAX03-5956-2809
　　　　info@duan.jp
　　　　http://jp.duan.jp
　　　　中国研究書店 http://duan.jp

Printed in Japan.　　　　　　　　　　　　　　ISBN 978-4-86185-278-7　C0036

ISBN 978-4-86185-240-4
本体3600円+税

ISBN 978-4-86185-177-3
本体1900円+税

ISBN 978-4-86185-225-1
本体2600円+税

ISBN 978-4-86185-086-8
本体3800円+税

日中翻訳学院

日本僑報社が2008年9月に設立した、よりハイレベルな
日本語・中国語人材を育成するための出版翻訳プロ養成スクール

HP http://fanyi.duan.jp　e-mail fanyi@duan.jp

「信・達・雅」の実力で日中出版交流に橋を架ける

「忠実に、なめらかに、美しく」（中国語で「信・達・雅」）を目標に研鑽を積み重ねている。

「出版翻訳のプロ」を目指す人の夢を実現する場

「日中翻訳学院」は、「出版翻訳」の第一線で活躍したい人々の夢を実現する場である。「日文中訳」や「中文日訳」のコースを設け、厳選された文芸作品、学術書、ビジネス書などのオリジナル教材を使って、高度な表現力を磨き、洗練された訳文を実現する。運営母体の日本僑報社は、日中翻訳学院で実力をつけた成績優秀者に優先的に出版翻訳を依頼し、多くの書籍が刊行されてきた。

当学院の学習者と修了生には、日本僑報社の翻訳人材データバンクへの無料登録に加え、翻訳、監訳の仕事が優先的に紹介されるという特典がある。自ら出版、翻訳事業を手がける日本僑報社が設立した当学院だからこそ、「学び」が「仕事」につながるというメリットがある。

一流の講師陣、中国の翻訳界と友好関係

日中翻訳学院は、日中翻訳の第一人者である武吉次朗氏をはじめとする実績豊富な一流の講師陣がそろい、一人ひとりに対応した丁寧な指導で、着実なステップアップを図っている。メールによる的確な添削指導を行う通信講座のほか、スクーリングでは、それぞれのキャリアや得意分野を持つ他の受講生との交流や情報交換がモチベーションを向上させ、将来の仕事に生きる人脈も築かれる。

中国の翻訳界と友好関係にあり、実力養成の機会や活躍の場がますます広がっている。

日中翻訳学院叢書 **日中中日翻訳必携**シリーズ

日中中日翻訳必携 実戦編IV
こなれた訳文に仕上げるコツ

武吉次朗編著　1800円+税　ISBN 978-4-86185-259-6

日中中日翻訳必携 実戦編III
美しい中国語の手紙の書き方・訳し方

千葉明著　1900円+税　ISBN 978-4-86185-249-7

日中中日翻訳必携 実戦編II
脱・翻訳調を目指す訳文のコツ

武吉次朗著　1800円+税　ISBN 978-4-86185-211-4

日中中日翻訳必携 実戦編
よりよい訳文のテクニック

武吉次朗著　1800円+税　ISBN 978-4-86185-160-5

日中中日翻訳必携
翻訳の達人が軽妙に明かすノウハウ

武吉次朗著　1800円+税　ISBN 978-4-86185-055-4

他にも日中翻訳学院の訳書を多数刊行！今後も続々発刊予定！
詳しくは ☞ http://fanyi.duan.jp

改革開放とともに40年　胡鞍鋼

SUPER CHINA〜超大国中国の未来予測〜　胡鞍鋼

中国の百年目標を実現する第13次五カ年計画　胡鞍鋼

2050年の中国データで中国の未来を予測　胡鞍鋼他

中国の発展の道と中国共産党　胡鞍鋼他

日本人論説委員が見つめ続けた激動中国　加藤直人

日中友好会館の歩み　村上立躬

日本人の中国語作文コンクール受賞作品集

① 我們永遠是朋友（日中対訳）段躍中編

② 女児陪我去留学（日中対訳）段躍中編

③ 寄語奥運 寄語中国（日中対訳）段躍中編

④ 我所知道的中国人（日中対訳）段躍中編

⑤ 中国人旅行者のみなさまへ（日中対訳）段躍中編

⑥ Made in Chinaと日本人の生活（日中対訳）段躍中編

中国人の日本語作文コンクール受賞作品集

① 日中友好への提言2005　段躍中編

② 壁を取り除きたい　段躍中編

③ 国という枠を越えて　段躍中編

④ 私の知っている日本人　段躍中編

⑤ 中国への日本人の貢献　段躍中編

⑥ メイドインジャパンと中国人の生活　段躍中編

⑦ 甦る日本！今こそ示す日本の底力　段躍中編

⑧ 中国人がいつも大声で喋るのはなんでなのか？　段躍中編

⑨ 中国人の心を動かした「日本力」　段躍中編

⑩ 「御宅（オタク）」と呼ばれても　段躍中編

⑪ なんでそうなるの？　段躍中編

⑫ 訪日中国人「爆買い」以外にできること　段躍中編

⑬ 日本人に伝えたい中国の新しい魅力　段躍中編

⑭ 中国の若者が見つけた日本の新しい魅力　段躍中編

日本僑報社 書籍のご案内

- 中国の人口変動 人口経済学の視点から　李仲生
- 日本華僑華人社会の変遷（第二版）　朱慧玲
- 近代中国における物理学者集団の形成　楊艦
- 日本流通企業の戦略的革新　陳海権
- 近代の闇を拓いた日中文学　康鴻音
- 大川周明と近代中国　呉懐中
- 早期毛沢東の教育思想と実践　鄭萍
- 現代中国の人口移動とジェンダー　陸小媛
- 中国の財政調整制度の新展開　徐一睿
- 現代中国農村の高齢者と福祉　劉燦
- 中国における医療保障制度の改革と再構築　羅小娟
- 中国農村における包括的医療保障体系の構築　王崢
- 日本における新聞連載 子ども漫画の戦前史　徐園

- 中国都市部における中年期男女の夫婦関係に関する質的研究　于建明
- 中国東南地域の民俗誌的研究　何彬
- 現代中国における農民出稼ぎと社会構造変動に関する研究　江秋鳳
- 東アジアの繊維・アパレル産業研究　康上賢淑
- 中国工業化の歴史——化学の視点から——　峰毅
- 二階俊博——全身政治家——　石川好
- 中国はなぜ「海洋大国」を目指すのか　胡波
- 中国政治経済史論 毛沢東時代1949-1976　胡鞍鋼
- 尖閣諸島をめぐる「誤解」を解く　笘米地真理

若者が考える「日中の未来」シリーズ
宮本賞 学生懸賞論文集
監修 宮本雄二

① 日中間の多面的な相互理解を求めて
② 日中経済交流の次世代構想
③ 日中外交関係の改善における環境協力の役割
④ 日中経済とシェアリングエコノミー
⑤ 中国における日本文化の流行

学術研究 お薦めの書籍

(税別)

- **中国の人口変動—人口経済学の視点から**
  第1回華人学術賞受賞　千葉大学経済学博士学位論文　李仲生著　6800円　978-4-931490-29-1

- **現代日本語における否定文の研究**—中国語との対照比較を視野に入れて
  第2回華人学術賞受賞　大東文化大学文学博士学位論文　王学群著　8000円　978-4-931490-54-3

- **日本華僑華人社会の変遷（第二版）**
  第2回華人学術賞受賞　廈門大学博士学位論文　朱慧玲著　8800円＋税　978-4-86185-162-9

- **近代中国における物理学者集団の形成**
  第3回華人学術賞受賞　東京工業大学博士学位論文　清華大学助教授楊艦著　14800円　978-4-931490-56-7

- **日本流通企業の戦略的革新**—創造的企業進化のメカニズム
  第3回華人学術賞受賞　中央大学総合政策学博士学位論文　陳海権著　9500円　978-4-931490-80-2

- **近代の闇を拓いた日中文学**—有島武郎と魯迅を視座として
  第4回華人学術賞受賞　大東文化大学文学博士学位論文　唐鴻音著　8800円　978-4-86185-019-6

- **大川周明と近代中国**—日中関係の在り方をめぐる認識と行動
  第5回華人学術賞受賞　名古屋大学法学博士学位論文　呉懐中著　6800円　978-4-86185-060-8

- **早期毛沢東の教育思想と実践**—その形成過程を中心に
  第6回華人学術賞受賞　お茶の水大学博士学位論文　鄭萍著　7800円　978-4-86185-076-9

- **現代中国の人口移動とジェンダー**—農村出稼ぎ女性に関する実証研究
  第7回華人学術賞受賞　城西国際大学博士学位論文　陸小媛著　5800円　978-4-86185-088-2

- **中国の財政調整制度の新展開**—「調和の取れた社会」に向けて
  第8回華人学術賞受賞　慶應義塾大学博士学位論文　徐一睿著　7800円　978-4-86185-097-4

- **現代中国農村の高齢者と福祉**—山東省日照市の農村調査を中心として
  第9回華人学術賞受賞　神戸大学博士学位論文　劉燦著　8800円　978-4-86185-099-8

- **近代立憲主義の原理から見た現行中国憲法**
  第10回華人学術賞受賞　早稲田大学博士学位論文　晏英著　8800円　978-4-86185-105-6

- **中国における医療保障制度の改革と再構築**
  第11回華人学術賞受賞　中央大学総合政策学博士学位論文　羅小娟著　6800円　978-4-86185-108-7

- **中国農村における包括的医療保障体系の構築**
  第12回華人学術賞受賞　大阪経済大学博士学位論文　王崢著　6800円　978-4-86185-127-8

- **日本における新聞連載 子ども漫画の戦前史**
  第14回華人学術賞受賞　同志社大学博士学位論文　徐園著　7000円　978-4-86185-126-1

- **中国都市部における中年期男女の夫婦関係に関する質的研究**
  第15回華人学術賞受賞　お茶の水大学大学博士学位論文　于建明著　6800円　978-4-86185-144-5

- **中国東南地域の民俗誌的研究**
  第16回華人学術賞受賞　神奈川大学博士学位論文　何彬著　9800円　978-4-86185-157-5

- **現代中国における農民出稼ぎと社会構造変動に関する研究**
  第17回華人学術賞受賞　神戸大学博士学位論文　江秋鳳著　6800円　978-4-86185-170-4

中国政治経済史論 毛沢東時代 1949-1976

橋爪大三郎氏絶賛!!

「待望の中国の自己認識の書だ。日本語訳も正確で読みやすい。中国関連の必須図書として全国の図書館に一冊ずつ備えてもらいたい」（橋爪氏）

毎日新聞 2018年12月14日書評

胡鞍鋼著　日中翻訳学院訳
A5判 712頁 上製本
16000円
ISBN 978-4-86185-221-3

中国における日本文化の流行

宮本雄二 元中国大使 監修

学生懸賞論文集 Vol.5

3000円　ISBN 978-4-86185-271-8

The Duan Press
日本僑報社

TEL 03-5956-2808
FAX 03-5956-2809
Mail info@duan.jp
http://jp.duan.jp